「指示通り」ができない人たち

榎本博明

日経プレミアシリーズ

プロローグ
周囲にこんな人はいないだろうか？

かつてのような呑気な時代と違って、管理職もさらなる成果を問われるようになり、自分の部署を成果を上げる集団にしていかなければならない。そのような立場からすると、何とも気になるのが今イチ使えない人材だ。これを何とか使える人材にすべく、教育的な働きかけをしたり、適材適所を工夫したりする必要がある。

だが、これまで出会ったことのないような特徴を備えた人材を前にして、どうしたらよいのかわからず、途方に暮れることもある。管理職の人たちと話すと、自分の想像を超える行動パターンを示す人もいて、なぜそうなるのか、その心理メカニズムがまったくわからず、処遇に困ることがあるという人も少なくない。

まずは、そのような人を前にして、どう指導したらよいのかわからず困惑する管理職の声を示すことにしたい。

「自分がまとめている部署のメンバーを見ていると、有能で成果をきちんと出しており、取引先での評判もいいのに、なぜか自信なげで不安が強く、ちょっとしたことがうまくいかないだけで自己嫌悪に陥る者がいるかと思えば、意気込みがあるわりには成果が出ず、取引先での評判も今イチなのに、なぜか自信満々で反省することを知らない感じの者もいる。なんでそうなのか不思議だし、どうしたらよいかわからず結構手を焼いている」

「非常にモチベーションが高く、最初からやる気がみなぎっていたので、大いに期待していたのだが、実際に仕事をやらせてみると、これがなかなか使えるようにならない。仕事の段取りが頭に入らないのか、どうもやる気が空回りしている」

「ふだんの同僚たちとやり取りしている様子を見ていると、けっして感じが悪いようなところはないのに、なぜか客とのトラブルが絶えない。本人は『お客がおかしなことを言うんです』と言うのだが、あるとき仲裁に入り、両者の言い分を聞いていて、客の言うことを理解せずに対応しているのがわかった。どうも人の話を理解する力が不足しているようなのだ」

「とても勉強熱心で、自己啓発にも励んでいるようなのだが、仕事上必要な知識の習得がなかなかできず、仕事を任せられるようにならない。勉強の仕方に問題があるとしか思えない」

「しょっちゅう積極的に質問してくるし、早く仕事を覚えたいという意欲は伝わってくるのだけれども、何度教えても同じようなミスをして、未熟なやり方がなかなか改善されない。どうも頭の中が整理されていないように思う」

「とても感じがよく、仲間からも好かれているのだが、なぜか取引先での印象が良くない。先方に探りを入れてみると、約束したことを忘れたり、勘違いしたりすることが多いとのことだった。3日後の約束なのに2日後に来たり、3週間後の約束なのに2週間後に来たりして困るのだという。本人に確認してみると、どうやら数え方を間違えているようなのだった」

「とても積極的で、仕事へ取り組む姿勢もまじめで評価していたのだけれど、一緒に仕事をしている同僚たちと何となく折り合いが悪いように感じ、いじめとかがあったらいけないと思って事情を調べてみた。すると、たしかに積極的に動いてくれるのだが、間違ったやり方をすることが多く、正しいやり方を教えようとするのだけれど、いくら説明してもわからないみたいで、どうにも理屈が通じず閉口しているという」

「コミュニケーション力重視で採用したため、職場にすぐに溶け込み、この採用は成功だと思っていた。これならお客相手でも気持ちの良い応対をしてくれるだろうと期待したのだが、これが大誤算だった。お客と揉めることがあり、しばしばクレームが来るため、事情を聴取すると、どうもお客の要求や説明を理解できないようなのだ」

「先輩が意地悪をして仕事を教えてくれず、やり方をマスターできず困っているという相談を受け、これは困った、いったいどうなっているのかと思い、先輩にあたる人物に率直に尋ねてみると、『何度も教えてますよ。何度教えても頭に入らないみたいで、また同じことを聞いてくるので、前にも教えたけどと言って教えると、それは教わってません、初めて知りました、なんて言うんですよ。頭が悪いのか、被害妄想なのか、ほんとに困っちゃいますよ』と言うので、こっちも困っちゃいます」

「ふつうは教わりながら仕事をしているうちに、だんだんできるようになっていくじゃないですか。だけど、今度の人は、ようやく先月できるようになったことが、突然できなくなったりするんです。まずはじめは簡単なことから教えるから何とかできるんですけど、だんだん複雑なことを教えていくと頭の中が混乱して、前はできたことまでできなくなるみたいなんです。どう指導していったらいいのか、悩んじゃいます」

「ふつうにできるだろうと思う判断ができないんです。だからなかなか仕事を任せられない。本人と話しててわかったのは、記憶がすぐに消えてしまうらしいということ。前日に取引先から相談の電話があったと本人から聞いたため、『昨日相談があった件だけど』と言うと『何のことですか？』と言う。それで『取引先から相談の電話があったと君が言ってた件だよ』と言うと、『それ、私じゃないですよ』と真顔で言う。こんなふうに記憶がなくなるから適切な判断ができないのかと思うのだけど、じゃあどう指導したらいいのか、ほんとに困惑しています」

「新人が見当違いな説明を顧客にしているのが聞こえてきたため、『そんないい加減な説明をしちゃダメだろう。だれに教わったんだ?』と尋ねると『……だれからも教わってません』と言う。そこで、『勝手にいい加減な説明をしちゃ困るな。なんであんなことを言ったの?』と重ねて尋ねると『……何となくそう思ったから……』などと言う。頭の中がどうなってるのか、さっぱりわかりません」

「できるようになってもらうには、仕事のやり方が間違っていたり、効率の悪いやり方をしていたりしたら、注意したり、アドバイスしたりしないといけないじゃないですか。そうしないと仕事力が向上しない。ところが、注意したとたんに暗い表情になって、やる気をなくしちゃうんです。そんなに落ち込むことはないし、修正してくれたらいいだけなのに。何だかパワハラを疑われそうで、もう指導を放棄してしまいたいと本気で思うこともあります」

「仕事上のミスがあまりに多いので、ミスを指摘して、『やった後に振り返って、間違ってないかどうか確認した方がいいよ』と親切のつもりでアドバイスしたのに、ムッとした表情になって、『それって説教ですか？　上から目線でものを言うの、やめてもらえませんか』とか言うんですよ。嫌になっちゃいますよ。すぐに感情的にならずに、もっと冷静に受け止めてほしいんですけどね」

「まじめだし、頭もいいと思うのですが、人と接するのが苦手みたいで、せっかく商品知識とかきちんと頭に入っているのに、営業の仕事は向いていないので、自信がないって言うんです。人と雑談がうまくできないので、営業先の人と話さないといけないって思うだけで不安になり、気持ちが萎縮してしまうみたいなんです。どうしたら不安を和らげてあげられるのか、悩んでいます」

このように管理職を困惑させるさまざまな事例があるが、多くの事例で感じるのは、こちらが当然と思う理屈は相手も理解するものと信じているということである。そのため、こちらが相手のためと思って言ったのに納得してもらえなかったり、反発されたりすると、何か誤解があるに違いないと思う。そして、こちらの理屈をもっとていねいにわかりやすく説明すればわかってもらえるはずだと思う。だが、いくらわかりやすく、論理立てて説明したつもりでも納得してもらえなかったりする。

そこには大きな勘違いがある。

まず第1に、人はだれでも理屈を理解すると思っている、つまり論理的に物事を考えることを前提としているが、それは違う。立場や理解によって物事をとらえる枠組みが異なるため、採用する理屈が違って当然だというような高次の話ではない。単に理屈を理解できない人もいるということだ。頭の中が論理的に整理できていない人もいるのだ。そういう人は意外に多いのではないか。その場合、何か誤解しているというより、論理能力が鍛えられていないため、こっちの言う理屈を理解できないのだ。間違っていることを指摘し、理由を説明してあげても、その理屈が理解できなければ、いちゃもんをつけられたように感じるかもしれない。

第2に、人はだれでも理屈で判断するものと思い込んでいるのも大きな勘違いだ。常に冷静に物事を論理的に判断する人もいるが、気持ちで判断する人もいる。むしろ常に理詰めで判断する人より、気持ちに流される人の方が多いのではないだろうか。理屈に耳を傾ける前に、気持ちが拒否していたら、いくらていねいに説明したところで、まずは気持ちをほぐさない限り、わかろうという思いがないのだから、理解してもらえない。

第3に、頭の中に蓄積されている言葉や知識が違えば思考の仕方が違うということを踏まえずに、話が通じるはずと思うのも大きな勘違いである。こちらが使う言葉、別に専門用語でなく日常の言葉であっても、日頃から本をよく読んでいる人とまったく読まない人では、持っている言葉が大きく違っている。理屈というのは言葉の組み合わせで成り立つものだし、私たちは言葉でものを考えるのだから、持っている言葉が違えば話はなかなか通じない。知識も同じだ。持っている言葉や知識が違えば、頭の中にはまったく異なった世界が構成されている。そこを踏まえて説明の仕方を工夫しないと、なかなかわかってもらえない。

第4に、以前に経験したことや話したことを覚えているのを前提としているところに大きな勘違いがある。人により記憶力には著しい違いがある。それは、家族の間でも「言った」「言わない」、「言った」「聞いてない」のすれ違いがしばしば生じることから、だれもが日常的に知っているはずだ。ゆえに、こちらが過去の出来事や話したことを踏まえて言っているのになぜわかってくれないのかと苛立ってもしようがない。向こうにはそんな記憶がないのだから、話が通じないのも当然なのである。

第5に、だれもが根拠があってものを言ったり行動したりしていると思い込んでいるのも大きな勘違いである。ただの思いつきでものを言ったり行動したりする人もいるのだ。仕事の場ではそんないい加減なことをする人などいるはずがないと思うかもしれないが、自分の内面の動機を振り返る心の習慣のない人にとっては、それはごく自然なことだったりするのである。

このような事例はあげていったらきりがないが、おおまかに3つの問題に分けることができる。それは、認知能力の問題、メタ認知能力の問題、非認知能力の問題の3つである。そこで、つぎの章から順番にこれら3つの問題に相当する事例を見ていきたい。

認知能力の問題、メタ認知能力の問題、非認知能力の問題、それぞれが何なのかについては、第4章で整理するとして、まずは具体的な事例を通して、職場にありがちな今イチな人材にみられる問題点とその対処法について考えていきたい。

目次

プロローグ
周囲にこんな人はいないだろうか？

第1章
認知能力の改善が必要な人 19
コミュニケーション・ギャップが酷い
取引先や顧客とのトラブルが目立つ
すぐに記憶がなくなる
パニックに弱い人
定型文がないと何も言えない

第2章

メタ認知能力の改善が必要な人

「指示通り」というのが意外と難しい

話が回りくどく、何を言いたいのかわからない

理屈が通じない

意欲ばかりが空回り

アドバイスを意地悪としか受け止めない

周囲は手を焼いているのに、仕事ができるつもりでいる

同じようなミスを繰り返す

自分は仕事ができないと嘆くばかりで改善がない

職場の雰囲気が悪いからやる気になれないという

勉強はしているのだが能率が悪い

非常に主観的で判断を誤る

第3章

非認知能力の改善が必要な人

151

基礎能力はあるのだが、欲がない

思うような成果が出ないと落ち込み、やる気をなくす

すぐ感情的になり揉め事が多い

評価してもらえないとすぐヤケになる

注意されるとすぐに反発する

コミュ力が高いと思ったが、気持ちの交流ができない

仕事そのものの能力は高いが、人と接するのが苦手

第4章
能力改善の3つの柱 209
改善するにはどうするか？
認知能力を鍛える
メタ認知能力を鍛える
非認知能力を鍛える

第1章

認知能力の改善が必要な人

コミュニケーション・ギャップが酷い

こちらが言ったことがなかなか伝わらない部下がいて困るという管理職がいる。コミュニケーションがスムーズにいかないのだ。

「頼んでおいたのに、それをやっていないっていうことが、あまりに多いんです。適当に手を抜くタイプだったら、それもあるかなと思うんですけど、いたってまじめなタイプなんですよ。それなのに指示したことができないんです」

『わざと手を抜いてるとか、さぼってる、といった感じではないのに、指示したことがなかなかできない？』

「そうなんです。指示がちゃんと伝わらないんです」

『たとえば、どんなことがあるんですか？』

「顧客データの入力を頼んだことがあるんです。入力したらシュレッダーにかけてと言ったんです。数分後にチラッと見たら、いきなり顧客データの束をシュレッダーにかけようとしてたんで、慌てて止めたんです。『まずは入力して、って言ったでしょ』って言うと、『そうでした、すみません』って言うんですけど、似たようなことが結構起こるんです」

『それは困りますね』

「他の部署から頼まれた作業があって、とくに難しいことじゃないんですけど、その作業を彼に任せて、それができたらその部署に持って行くように指示したんです。まあ1時間もかからずにできる作業だったんです。私は用事があって部署を半日ほど離れたんですけど、夕方戻ったら、その部署から電話があり、そんなに時間はかからないだろう、早く持ってきてくれ、って言うんです」

『まだ持って行ってなかったんですね』

「そうなんです。てっきり持って行ってると思っていたので、彼に問いただしたら、作業はだいぶ前に終わってるけど、その部署に持って行けとは言われていないって言うんですよ。言った、言わない、の押し問答をしてもしようがないので、改めて持って行くように指示したんですけど、そんなことがよくあるんです」

『こちらの指示がきちんと頭に入らない、っていうわけですね』

「ええ。仲間に話すと、そんなんじゃ使えないから試用期間のうちに辞めてもらうしかないだろうって言うんですけど、本人は一所懸命働いてるから、何とかならないかなって思うんですよ」

『そうですね、まじめに取り組んでいる様子を見てると、簡単に切り捨てる気にはなれませんよね』

「日頃の態度を見てると、いい加減に仕事をしてる感じはまったくないんです。注意すると神妙な感じで謝るし、指示を聞いてるときもまじめに聞いてるように見えるんですよね。それなのに伝わらない」

『まじめに聞いてるようなのに、こちらの指示がうまく伝わらない』

「はい。ついこの前も、書類の整理を頼んだんです。細かいことを言うとかえってわかりにくいので、大雑把に言いますと、用件の内容をA、B、Cの3種類に分けて、書類を用件の内容で3つに分類するように頼んだんです。用件を読めば、分類は簡単なはずなんです。でも、それができなくて泣きついてきたんです。途中までやったのを見たら、分類が滅茶苦茶なんです」

『用件の内容を読んで分類することができない、っていうことですね？』

「そうなんです。まじめなタイプでなければ、まじめにやれと叱れるんですけど、どう見ても適当にやってるっていう感じじゃないんです。なんだか叱るのも可哀想で……そうかといって、放っておくわけにもいかないし……」

『そうですね、放っておくわけにはいかないですよね』

「どうなんですかね。うちのような職場の事務的な仕事をするのは、能力的に厳しいっていうことでしょうか？」

『まあ、能力的な問題がないとは言えないでしょうね。でも、今の仕事をしていくのが絶対に無理かというと、そうでもないように思えます』

「では、何とか改善できますかね？」

『お話を伺っていると、このケースに関しては、どうも2つの問題が絡んでいるように思われます』

「2つの問題？」

『ええ。そこにうまく対処できるかどうかですね』

「じゃあ、そこに対処できれば、何とかなりますかね？」

『そう思います。まず、問題を簡単に整理すると、まず1つ目の問題は、複数の指示をいっぺんに与えるとうまく伝わりにくいということです』

「複数の指示をいっぺんに与えてはいけないっていうことですか。複数の指示っていうと？」

『先ほどの例で言えば、顧客データの入力を頼むという指示と、入力が終わったらシュレッダーにかけてという指示、これが複数の指示にあたります。もうひとつの例で言えば、ある作業を頼むという指示と、それができたらその部署に持って行くようにという指示、これが複数の指示にあたります』

「たしかに。1つの指示のように思っていましたけど、そういうふうに言われると、複数の指示を与えているんですね。でも、そのくらいのこと、ふつうは問題なくこなせるんじゃないですか？」

『多くの場合、それはとくに問題ないでしょう。でも、それによって支障が出てる場合には、混乱が起こらないように、指示を2つに分離して、まずは1つの指示に集中してもらうべきでしょう』

「でも、それだと、作業を終えたらシュレッダーにかけるようにとか、作業を終えたらどこどこの部署に持って行けとかを指示することができないですよね？　それでは実際に困ってしまいますよ」

『ですよね。だから工夫が必要になります。それについては後ほどご説明しましょう。その前に、もうひとつの問題ですが、読解力が鍛えられていないということがあります。書類の内容を読んで分類するっていう作業ができないんですよね。それは文章の内容をうまく理解できないことを意味します。読解力が乏しいと、文章を理解できないだけでなく、人の言うことも正確に理解できなかったりするので、指示がうまく伝わらないことにも通じる問題でもありますね』

「なるほど。読解力がないから文章もよく理解できないし、口頭で指示された内容もよく理解できない、っていうことですね」

『そうです。そこを何とかするには、読解力を鍛えてあげる必要があります』

そこで、複数の指示をいっぺんに与えるとうまく伝わりにくいという問題と、読解力が乏しくて文章や人の話を正確に理解できないことがあるという問題について、わかりやすく説明し、試す価値のある対処法をアドバイスすることにした。その概要は、つぎの通りであった。

まず第1の点に関しては、複数の指示をいっぺんに与えないように工夫することだ。たとえば、ひとつの作業に安心して集中できるように、それに続く指示は紙に書いて渡しておくなどの工夫が必要となる。

先の例で言えば、「顧客データの入力 ↓ 入力が終わったらシュレッダーにかける」と記した紙を渡し、まずは顧客データの入力に集中してもらう。もうひとつの例で言えば、「(すべき作業内容) ↓ 終わったら○○部署に持って行く(あるいは、○○部署に添付メールで送る)」と記した紙を渡し、まずは作業に集中してもらう。

仕事をこなす能力そのものに問題があるわけではなく、指示の流れを記憶にとどめておくところの問題なので、そこさえ対処できれば仕事はスムーズに流れていくことが期待できる。

もうひとつの問題だが、読解力が不足していると、書かれた文章の内容を正確につかめないだけでなく、人が話す内容も正確につかめない。指示通りに動いてくれない、こっちの言うことに従ってくれないといった問題の背後には、読解力の不足が絡んでいることが結構ある。相手はこちらの指示をわざと無視したり、反抗して勝手なことをしたりしているわけではなく、単に読解できないだけだったりする。どうしろと言われているのかがうまくつかめないのである。

このような読解力の問題に対処するには、即座に効くような特効薬はないが、読書などを通して読解力を地道に身につけていく必要がある。それについてはつぎの項でさらに解説することにしたい。

取引先や顧客とのトラブルが目立つ

トラブルメーカーというのは、どんな職場にもいるものだが、コミュニケーション不全が大きく絡んでいるケースが非常に多い。人との意思の疎通がうまくいかないためにトラブルになってしまうのだ。

そのような部下に頭を悩ます管理職は、その困惑について、つぎのように語る。

「お客との間でよく揉める部下がいるんです。つい先日も、その人物の同僚が『また彼がお客とトラブったんですよ。放置できないから仲介してお客を宥めたんですけど、なんであんなふうにいちいち揉めるんですかね。その都度雰囲気が悪くなって困っちゃいますよ』と言うので、これはほっとけないと思って、本人に問いただしてみたんです」

『どんなことで揉めたのか、事情を確認したんですね』

「ええ、そうです。そうしたら、お客が無理な要求をするから、それは無理ですと言っても、そんなことはない、できるはずだとか、わかってもらえないので、どうしても無理なんですと突っぱねたら、そのくらいの融通も利かないのかと怒り出しちゃったんです、あれはクレーマーですよ、って言うんです」

『クレーマーですか』

「彼の言い分だけではよくわからないので、そのとき周囲にいて仲介した同僚に尋ねると、そのお客は別に無理な要求などしていなくて、はじめから自分が接客していたら要求に応えることはできたけど、もうかなり気分を害していたため、こちらの説明の途中で帰ってしまった、って言うんですよ」

『お客の問題というよりも、彼の受け止め方に何か問題があるかもしれない、ということですか？』

「どうもそんな感じなんです。そのお客は、ときどきやってくる人のようだったので、他にも何人かに聞いてみたんですが、だれもがその人はそんな強引な人ではないし、クレーマーなんかじゃない、いつも機嫌よく世間話までしていく馴染み客だと言うんです。彼のときだけ揉めることがあるみたいで、やっぱり彼の方に何か問題があるんじゃないかって思わざるを得ないんですよ」

『なるほど、そういうことなんですね。ところで、無理な要求を突きつけられ、それは無理だと突っぱねたら怒ってしまったということですが、具体的にどんなことで揉めたのか、本人にトラブルの内容についても確認してみましたか？』

「もちろん確認しました。本人は、こんなことまで要求してくるのだ、そんなことはできないといくら説明してもわかってもらえず、わけのわからないことをまくし立てる、あまりに非常識だ、クレーマーだと、鼻息荒く向こうの理不尽さをアピールするんですけど、同僚たちも言うように、私もそれはけっして無理な要求などではないし、お客の要求に合わせて容易に対応できそうだし、なぜそこまでいきり立って拒むのか、理解に苦しんでしまいました」

『そうですか。とくに理不尽な要求なのではなく、十分対応可能なことなのに、なぜか彼が頑なに拒むため、お客も感情的になり、トラブルになってしまう、っていう感じなんですね』

「そうなんです。だから、そのお客の要求は別に無理な要求ではない、お客が望むならそのくらいの柔軟な対応はしてあげないといけない、って注意をしたんです」

『ちゃんと事情を説明して、注意をしてるんですね。彼は、想定外の展開に弱いっていう感じはありませんか？』

「……そう言えば、まさにそうですね。淡々とルーティンのように流れてるときはいいんですけど、想定外の要求や質問をされると、何だか切羽詰まった感じになって、そんなときに相手からしつこく言われると、突然攻撃的になったりするんです。だから、以前から、お客がよくわからないことを言うなと思っても、カッカせずに、お客の言うことに冷静に耳を傾けるように言い聞かせてはいるんです」

『それでもときどき揉めてしまう、というわけですね』

「そうなんです。店頭でのお客とのトラブルも困ったものですけど、取引先ともトラブることがあるんです。先日も、取引先の担当者から怒りの電話があり、いったいどういう社員教育をしてるのかと責められ、ひたすら恐縮し謝るしかありませんでした」

『それは困りましたね。お客の場合と同じく、相手の言い分をしっかり理解できていない、っていう感じなんですかね』

「まさにそういうことだと思います。彼に問いただすと、取引先の担当者がわけのわからないことを言うから、おっしゃってることがわからないのでもう少しわかるように説明してくださいと丁重に対応していたのに、向こうが勝手に怒り出したので困った、って言うんです。でも、周囲で聞いていた同僚によれば、先方の言うことはよくわかったし、彼の理解が悪いんだと言うんですね。で、私も、先方の言い分を聞くと、けっして理不尽なことではないんです」

『彼の理解力の方に問題がありそうだというわけですね』

「そうとしか思えません。どうしたらいいんでしょうか？」

そこで、前項と同じく読解力の問題を指摘してから、さらに他者の視点に立って考える心の習慣についての説明をした。

コミュニケーション絡みのトラブルでは、

「なんで反発するんだ。何か不満でもあるんだろうか？」

「どうしてあんな意地悪を言うんだろう。怒らせるようなことを言ったかなあ？」

「なんで感情的になるんだろう。嫌われてるのかな？」

などと訝ってしまうこともあるはずだ。でも、とくに思い浮かぶようなことがない場合は、単にこっちの言うことが理解できないだけ、こっちの意図がきちんと伝わっていないだけであって、不満があるわけでも意地悪を言っているわけでもなく、嫌われてるわけでもなかったりする。

読解力が不足しているため、こっちの言うことがよくわからず、おかしな反応をしてしまうのだ。正当な要求をしているのに、こっちの言い分をうまく理解できないため、わけのわからないことを言ってくると思い、いちゃもんをつけられてるような気になり、感情的になってしまう。相手はけっしてクレームをつけているわけではないのに、クレームをつけられたと思い込んでしまうのである。

前項でも指摘したように、このようなケースでは読解力を身につけてもらう必要がある。そのためには、読書などを通して読解力を磨いていくしかない。基本的な国語の参考書などで文章の読解の練習をするのもよいだろう。本を読むようにアドバイスするだけでなく、読書の時間や読解の時間を研修として取り入れるのもよいだろう。

そうした国語力を高めるという方向の対処に加えて、視点取得を促すのも効果的である。視点取得というのは、他者の視点を自分の中に取り込むことを指す。

相手の言い分をうまく理解できない場合や、コミュニケーション上のトラブルが目立つ場合、この視点取得ができていないことが多い。相手の視点からはどのように見えるのかを想像できず、自分の視点からしかものを言えないため、わかり合えず、トラブルになってしまうのだ。

人はだれでも幼いうちは自分の視点しか持っていない。知的能力の発達には、語彙数の増加や文法構造の習得だけでなく、認知の発達全般が関係してくる。なかでも重要なのが、自己中心性からの脱却である。

心理学者のピアジェは、2歳から7歳の幼児期の特徴として自己中心性をあげ、そこから脱却することがこの時期の課題であるとする。ピアジェの言う自己中心性というのは、自分の視点しか取れず、他人の視点から物事を見ることができないという意味である。

この年齢段階の自己中心性を確認するために、ピアジェは、三つ山問題という課題を開発した。それは、高さが違う三つの山が前後にずれて並んでいる模型を見せるものである。たとえば、手前から見ると、右手奥の山が一番高く、左手の山が中くらいの高さで、右手前の山が一番低い。この模型を手前から見るのでなく、右横から見たり、左横から見たり、向こう側から見たりしたら、それぞれ見え方は違ってくる。

　でも、この段階の子どもは、それがよくわからない。手前から見た図、右横から見た図、向こう側から見た図、左横から見た図を用意し、右横から見ている友だちにはこの３つの山はどのように見えるかと尋ねると、自分が今見えている図と同じ手前から見た図を選ぶ。自分以外の視点を取ることができないのだ。自分の視点から抜け出すことができない。

　そうした自己中心性からの脱却という意味での認知能力の発達は、コミュニケーション能力の発達にも影響する。相手の気持ちに共感できるようになったり、相手の立場を想像できるようになることで、相手が口にする言葉の意味がわかるようになる。

　だが、大人になっても、自己中心性から十分に脱却できていない人もいる。自分の視点からしかものを見ることができず、想像力を働かせて他者の視点に立ってみるということができないため、人の言い分が理解できない。

　そうしたことの改善にも威力を発揮するのが読書だ。読書によって自分とはまったく異質の作者や自分とはまったく異質の登場人物といった他人の視点に触れることができるからだ。それによって自分以外の視点を取り込んでいくことができる。

すぐに記憶がなくなる

お客から言われたことを忘れたり、予約の電話を受けたのに予約表に入力して予約を確保するのを忘れたりするようでは、仕事に支障が生じる。

何度かしゃべったことがある人に対して、「あの人とは以前こんな会話をした」「あの人はよくこういう注文をする人だ」などといった記憶があれば、社内の人間関係もお客との関係もスムーズに行くが、そうした記憶がないと、まるで人間味のないやり取りになってしまい、相手は「なんだ、覚えていてくれないんだな」と淋しい思いになり、心理的距離が縮まらない。

このように記憶というのは、仕事そのものにおいても、人間関係においても、非常に重要な役割を担っているわけだが、どうにも記憶の悪い従業員がいて困るという経営者がいる。

「うちの会社にどうにも記憶の悪い従業員がいて困ってるんです。仕事にも支障が出るくらい記憶が悪いんです。経営者仲間に話したら、それならまだ試用期間内だし、辞めてもらえばいいじゃないかって言うんですけど、良いところもあるんです。人柄はいいし、何と言っても人当たりがいいんですよ。お客に対してもとても感じよく応対できるから、戦力として活かせたらなあって思うんです」

『記憶の問題を別にすると、人当たりも良くて貴重な戦力になってもらえそう、というわけですね』

「そうなんです。でも、いかんせん仕事でミスが多すぎる。ほぼすべてが記憶の弱さからきてるんです。それでお客を怒らせてしまうことがあるんです」

『具体的にはどんなことがあるんですか？』

「よくあるのが取引先から言われた用件が伝わっていないとか、お客からの予約電話の内容が伝わっていないといったトラブルです」

『相手が伝えたはずの用件が伝わっていないといった問題がよく起こる、ということですか』

「ええ、そうです。たとえば、お客から電話があり、彼女が応対し、予約を受けたのに、そのお客が予約の日時に来てみると予約が入っていないことがあったり。でも、馴染みのお客だと、彼女の感じの良い応対に好印象を持ってるし、電話でも彼女が感じよく対応したから、まさか彼女のミスだとは思わないんですよ。だれか別の従業員が彼女からの伝言を受けて入力するのを忘れたに違いないって思っちゃうんです」

『そんなに好印象を持たれるほど感じがいいんですね』

「そうなんです。それで関係ない従業員がとりあえず丁重に謝るんですけど、自分のミスじゃないから内心おもしろくないですよね。電話を受けた人が直接入力することになってるから、彼女のミスなのは間違いないんです」

『なるほど。それは困りますね』

「はい。最初のうちは、周囲の同僚たちも、『ほんとに天然なんだから』とか言って、呆れながらも笑ってたんですけど、さすがに最近では、もういい加減にしてほしい、って苛立ってる感じで……だから職場の雰囲気がちょっと微妙な感じになっちゃってるんです。それはそうですよね」

『そんなとき、彼女はどんな反応なんですか？』

「それが困ったことに電話で予約を受けた記憶がないって言うんですよ。だけど、そんなことが繰り返されるし、お客が彼女に電話で言ったじゃないかと言うから、彼女も自分が受けたと認めざるを得なくて、『多分、私がうっかり怠ってしまったんじゃないかと思います』とか言うんです。でも、何度注意しても直らないんです。それで困っちゃって……。同僚たちにも感じよく振る舞ってるから、みんなも何とか改善させてやろうと頑張ってくれてるんですけどね」

『というと、どんなことをしてくれてるんですか？』

「彼女は何かとすぐ忘れちゃうことがあるため、周囲の先輩たちが、電話を受けたらすぐに入力するようにって念押ししたりしてるんです。でも、彼らによると、すぐに入力するときはいいんだけど、彼女は電話が終わってもすぐに入力せずに、何を考えてるんだか、書類をパラパラめくってることがあって、『早く入力しないと』と急かしたら、『何のことですか？』と言うので、『今受けた電話の用件が予約なら入力して、そうでなければ用件をメモしておかないと』と言うと、『えっ？　電話なんか受けてませんよ』とケロッとして言うから、もう唖然として言葉を失ったって言うんです。かなりの重症ですよね」

『電話の内容を忘れるだけではなくて、電話を受けたことさえ忘れてしまう、っていうわけですか』

「そうなんですよ。そんなに時間が経ったわけじゃないのに、電話を受けたことさえ忘れちゃうんですよね。本人は記憶がないから、悪びれたところもなく、アッケラカンとしてるんで、まあ困っちゃいます」

『そうですか。それは仕事に支障が出ますね』

「でも、最近はぶっきらぼうな若手もいて、お客に嫌な思いをさせて怒らせたりするから、人当たりのいい彼女は貴重な存在でもあるんです。だから、何とか記憶面の改善ができればと思うんですけど……」

そこで、その人物の事例において考えられる問題のありかを2つに整理して伝えた。ひとつは、記憶がしっかり刻まれていない可能性があるということである。もうひとつは、記憶がいったん刻まれたとしても、その保持がうまくいかないということである。

どちらか一方に問題がある可能性もあるし、両方共に問題がある可能性もある。いずれにしても、それぞれに対処しておけば改善が期待できる。

まず第1の問題に対しては、記憶の刻み方を工夫する必要がある。

人と話した後、振り返ってみると、そのときはちゃんと聞いていたつもりだったのに、相手の話した内容をほとんど思い出せない。そんなことはないだろうか。上の空で聞いていると、相手の話したことがほとんど頭に残っていないというようなことになってしまう。

学校の授業中など、いつの間にか上の空になっており、先生の声は聞こえていたのだけど、内容はよく覚えていない箇所がある、というような経験がだれにもあるのではないだろうか。

ここからわかるのは、耳で聞いているだけでは記憶に刻まれない、しっかり意識を集中して聞いていないと記憶に刻まれないということである。

人の話が記憶に刻まれにくい人の場合、上の空というわけではなくても、しっかり意識を集中して聞いていないということがあるのではないか。その聞き方を改善する必要がある。

もともと集中力が乏しい人の場合は、疲れてくると緊張の糸が切れて、上の空状態で聞いてしまいがちである。また、何か気がかりなことがあると、知らないうちにそのことを考えてしまい、目の前のことには上の空になってしまいがちである。

人の話が記憶に刻まれにくい人に対しては、そういった知識を与えた上で、何か気がかりなことがあっても仕事中は気持ちを切り替えて目の前のことに集中し、人の話を聞くときも上の空にならないよう意識を集中させるようにアドバイスすべきだろう。

第2の問題に対しては、記憶の保持が苦手な場合の対処法を工夫する必要がある。

たとえば、人の話を聞いてるときはしっかり理解しており、頭に入っていても、その後さまざまな用事があり、他のことに追われているときは、当然だが目の前のことに集中しているため、数時間前に聞いた話は念頭から消えている。

そこで、「そう言えば、さっき何か用件を言われたけど、何だったたっけな？」と振り返り、記憶を引き出すことになる。ところが、記憶の保持が苦手な人の場合、記憶を引き出そうとしても、どうにも思い出せない。

社内の人から言われたことであれば、失礼になるのは覚悟の上で、「すみませんが、先ほど言われたことをうっかり失念してしまいました。申し訳ありませんが、もう一度お願いできますか」と聞き直すことができる。だが、お客や取引先からの電話で受けた用件の場合は、忘れてしまったからもう一度教えてほしいというのは、なかなか言いにくいし、信用を失いかねない。

記憶の悪い人物がそのようなミスをするのを未然に防ぐには、受けた用件は即座にメモしておくように指示しておくべきだろう。パソコンに入力するのでもよいが、電源が落ちたときは確認できないし、操作ミスでうっかり消してしまうこともあるので、その場合も念のため紙にも簡単にメモしておくとリスク回避になる。

記憶の悪い人はもちろんだが、とくに記憶が悪いわけではない人でも、意外に記憶というのはいつの間にか頭の中で変容してしまうものである。一緒に旅行したときの思い出話をしても、学校時代の印象的なエピソードを話しても、人によってなんでこんなに記憶が違うのかと驚くことがあるはずだ。

いずれにしても、記憶というのは移ろいやすいものなので、忘れたり変容してしまったりすると大変なことになる。仕事上の大事なことがらは、外部記憶装置にも記録しておくことが欠かせない。

パニックに弱い人

落ち着いて対処すれば、どうということなくこなせるはずなのに、何かとすぐにパニックになる従業員に手を焼いているという管理職がいる。

「ふだんはとくに落ち着きのないタイプというわけでもないんですよ。むしろおとなしいし、落ち着いてるほうじゃないかとも思うんですけど……でも、何て言うか、気持ちに余裕がないんですかね。ちょっとしたことでパニックになるんです」

『ちょっとしたことでパニックになる。たとえば、どういうことがあるんでしょうか?』

「彼女の仕事は接客なんですけど、たとえば、ひとりのお客の相手をしてるとき、別の客から話しかけられると、『すみません、今、別のお客様の対応中なので』っていう感じで、突き放すような雰囲気になっちゃうんです」

『でも、別のお客の対応をしているなら、それが終わるまで待ってもらうしかないですよね。言い方が突き放すようなきつい感じになる、っていうことですかね？』

「言い方もそうなんですけど……えーと……たとえばですね、お客の対応中に、別のお客からトイレの場所を聞かれたなら、ちょっと話を中断して、トイレの場所を教えればいいじゃないですか。それができないんです。服を手に取ってる別の客から、『この服のサイズはどこに書いてあるのかしら？』って聞かれたときも、別の客の対応中だからって対応しないんです。ちょっと中断してタグの場所を教えればいいじゃないですか」

『なるほど、そういうことですか』

「臨機応変の対応ができないから困っちゃうんです」

『今あげられたケースとかに関して、簡単に教えるだけで済むのだから、ちょっと中断して対応するように、といったアドバイスはされたんですか？』

「もちろんです。そういうことが同僚たちから報告されるたびに注意、っていうか、アドバイスしてるんですけど、一向に直らないんです。っていうより、前より酷くなってるようなんです」

『前より酷くなってる？』

「ええ。この前なんか、お客の対応中に別のお客から話しかけられたとき、『今、別のお客様の対応中なんです！』って怒鳴るように言ったらしいんです。それで、そのお客を怒らせてしまって、ちょっと大変だったんです」

『両方のお客の対応をしないといけないと思うことで、パニックになっちゃったんでしょうかね』

「あっ、そういうことですか！」

『同時に複数のことを考えるっていうのは、多くの人はある程度はできるんですけど、ワーキングメモリ、これについては後でご説明しますけど、その容量が小さい場合は、それがとても難しいんです。その人は、接客中でなく、何か机に向かって作業する際に、周囲の人の話し声が聞こえる状況だと集中できない、っていうようなことはありませんか？』

「あります、あります。売り上げとかの入力作業をしてるときに、周りの同僚たちがちょっと雑談をして笑っていたら、突然『静かにしてください！』って怒鳴ったんですよ。私もたまたまその場に居合わせて、びっくりしました。日頃穏やかな人柄なので、みんなも相当驚いたと思います」

『容量がいっぱいになっちゃたんですね』

「どういうことですか？」

『学校に通う生徒だった頃、家で宿題や予習・復習をしているときに、テレビがついていたり家族がしゃべったりしていると、その話し声が気になって集中できないっていうことがありませんでしたか？』

「あっ、それはよくありましたよ」

『そうでしょう。教科書を読んでいるつもりでも、いつの間にか話し声に耳を傾けていて、教科書の内容が上の空になっていたり』

「そうでした。そんなことがよくありましたよ。それが、今回のケースと関係あるんですか？」

『ええ。ワーキングメモリの容量が小さい人の場合、それに似たようなことがしょっちゅう起こっているのだと考えられます。それについては、また後でご説明しようと思いますが、その方について、他にも気になることはありますか？』

「そうですね……じつは、彼女だけではありませんが、接客の仕事に専念するだけでなく、別の部署への異動もあり得るので、そのためのトレーニングとして、販売現場の実情や課題について、他部署の人たちを前に説明する場をときどき与えているんです。いわゆるプレゼンみたいなものです。その際、用意してきた原稿を見ながら、パワーポイントの図解の説明をするのは、わりとスムーズにできるんです。でも、説明終了後の質疑応答になると、まるで別人のようにパニックになってしまうんです。落ち着いて考えれば簡単に答えられるような質問でも、慌ててしまって、うまく答えられないんです」

『前もって準備してきた原稿をもとに説明することはできても、その場で質問されるとパニックになって、どんなに簡単な質問でもうまく対応できなくなってしまう』

「その通りです。けっして想定外の内容についての質問じゃなくて、説明した内容を確認する程度の質問でも、浮き足立って、うまく対応できないんです」

『そこにもワーキングメモリの容量の問題が関係してそうですね』

このようなやり取りの後、その事例で問題となりそうなワーキングメモリの容量について説明し、今後の対策について話し合った。その概要は、以下のようであった。

問題となっている人物のケースでは、周囲の人は、なぜもっと柔軟に対応ができないのかと不思議に思うだろうし、いくらアドバイスしても効果がないことに苛立つかもしれない。

このケースでは、ワーキングメモリの容量が小さいことが関係している可能性がある。ワーキングメモリというのは、ごく短時間、情報を記憶しながら、同時に何らかの課題遂行などの処理をする知的機能のことである。暗算をするときの頭の働きを思い浮かべればわかりやすい。数字を記憶しつつ、同時に計算処理をしなければならない。その際、ワーキングメモリがフル稼働している。

先ほどの対話でも例示したように、聞こえてくる話し声が気になって宿題に集中できず、計算間違えや書き間違いをした経験がある人も少なくないのではないか。そのようなケースでは、宿題に割くべきワーキングメモリの一部が話し声に聞き入ることに費やされてしまったわけだ。

スマホが近くにあると認知能力が低下し、課題遂行の成績が低下することは、さまざまな実験で証明されている。その場合、スマホを気にするせいで気が散って集中力がなくなるだけでなく、気にしないようにしようといった努力に心のエネルギーが費やされ、本来は課題に費やすはずのワーキングメモリの一部がその努力のために消費される。その結果、本来の課題に振り向けることができるワーキングメモリが足りなくなり、勉強にしろ仕事にしろ支障が出てきてしまうのである。

先ほどのケースで言えば、目の前の客の対応をしているときは、その客に商品の説明をしたり、質問に答えたりすることにワーキングメモリのほとんどを費やしているため、別の客から声をかけられた際に、その言い分を聞いて適切な対処をするだけのメモリ容量が足りないのだ。

別の客にちょっとした案内をする気持ちの余裕もないように見えるのは、ワーキングメモリの容量が足りないため、相手の言い分を聞いて対応することができないからなのである。それなのに、簡単な用件なら応対中の客とは別の客の問いかけにも答えないといけないと思うことで、パニックになってしまうのである。

理由がわかったからといって、いきなりワーキングメモリの容量を増やすのは難しい。そこで大切なのは、同時に2つのことをしないようにすることである。

たとえば、応対中の客には「すみません、少々お待ちください」と言って、その客のことはひとまず頭の中から追い出し、声をかけてきた客の問いかけに集中し、簡単な案内をする。簡単に済みそうにない場合は、「申し訳ありませんが、先客がいらっしゃいますので、しばらくお待ち頂けますか」と丁重な姿勢で断る。それから前の客に向き合い、応対をする。万一、何を説明していたか忘れてしまったら、「申し訳ございません。どこまでご説明していましたでしょうか」などと問いかければ、必要な説明を向こうから求めてくるはずだ。このような手順をアドバイスしておくのがよいだろう。その手順を本人に図解式にメモさせるのも、頭に定着させる助けになるだろう。

プレゼンの場合も、相手の質問に耳を傾け、理解しようとしながら、同時にどのように説明するかを考えるとなると、ワーキングメモリの容量が足りなくなるため、パニックを起こすのである。その対処としては、前もって想定されるあらゆる質問を網羅し、その回答を簡単にメモしておくようにアドバイスするのがよいだろう。まずは相手の質問に集中してから、それに対応する回答の見当をつけ、それに近いメモを見ながら回答すればよい。

いずれの場合も、同時に複数の課題遂行をしようとせずに、まずは1つのことに集中すること、そのためにメモなど外部記憶装置を用いるのも有効なことを教えてあげるべきだろう。

定型文がないと何も言えない

就職の採用試験の際にコミュニケーション力を重視するという企業が多いが、それは人とのコミュニケーションが苦手という若者が増えているからだ。だれもが人とのかかわりの中で生きてきているはずだし、そうした経験を通して自然にコミュニケーション力が身についているはずだと思っていると、どうもそうではないケースが目立つようになった。

そんなコミュニケーションが苦手な従業員に手を焼く管理職は、つぎのような悩みを口にする。

「最近、他の部署から異動してきた若手がいるんです。うちの部署は顧客対応が必要なんですけど、どうもそれがうまくいかないんです」

『これまでは顧客対応をしないで済む部署だったんですか?』

「そうなんです。だから、はじめのうちは先輩たちの対応する様子を観察して学ばせることにしたんです」
『それは大事ですね。初めての職務だと、どう振る舞ったらよいかわからないでしょうから
ね』
「ええ。それで、そろそろ実践の場に出しても大丈夫かと思い、担当させてみたんです。そうしたら、一応コミュニケーションはできてるんですけど、身近で様子を見てる同僚たちによれば、ちょっと言い方がきつかったり、相手がカチンと来るんじゃないかと心配になるようなことを平気で言ったりするので、ハラハラするって言うんです」
『相手の気持ちに配慮した言い方ができていないという感じですか』
「ええ、そうです。それで本人にその点を指摘して注意したんです。でも、どうもよく理解できないみたいなんです。具体的な事例をあげて、もう少し相手の気持ちを考えて言い方を調整してほしいと言ったんですけど、『何でもはっきり言ったほうがわかりやすいと思うんですけど』なんて、かなりずれたことを言うんです」
『言われた人の気持ちを想像することができないんですかね。だから言い方を調整する必要を感じない。それで、あいまいな言い方をするより、はっきり言ったほうがわかりやすいと

いうことばかり意識してしまう、っていうことでしょうか』

「あー、そんな感じなんでしょうね。だからなんでしょうけど、言い方に気をつけるように言われても、どう気をつけたら良いのかわからないから、定型文をください、なんて言うんですよ」

『定型文ですか』

「何を言い出すのかと思って聞くと、『先輩たちがうまく対応できているのは、きっと定型文を使ってるからですよね。私もそれをもらえませんか』なんて言うんです。そんなものはないと言うと、なんで定型文がないのにうまく対応できるのかわからないと言って、自分はそれがないと困るから定型文がほしいと言われてしまって……」

『自分の頭で考えて対応するのが苦手なんですね。これまでの仕事ではマニュアルに沿って行動すればよかったんですかね？』

「たしかにそうかもしれません。それでマニュアルを要求してきたんでしょう、きっと。なにしろ『商品の問い合わせがあったときの定型文、注文をもらったときの定型文、キャンセルがあったときの定型文、苦情があったときの定型文とか、いろんなケースごとの定型文をもらえれば、それに従ってうまく対応できると思います』って言うんです。これまでそんなことを言われたことがないので、困ってしまいました」

『それは困りますね。すべてを定型文で乗り切ろうとしたら、ありとあらゆるケースを想定した定型文を用意しないといけないし、それは現実には無理ですよね』

「そんなことできませんよ。おっしゃるようにいろんなケースがありますし、実際にそんなもの作れませんよ」

『それに、ロボットみたいに定型文を口にされても感じいいものではありませんよね。やはり人間味が感じられないと、突き放されたように感じてしまうでしょうね』

「まさにその通りです。彼の言い方を聞いてると、どうも人間味が欠けてるように思うんです」

『自分で考えた言葉を発すれば、その人らしさも伝わりますけど、定型文をそのまま口にするのでは、人間味が希薄になってしまいますよね。その方には、相手の気持ちを想像する心の習慣を身につけてもらう必要がありそうですね』

「みんなが言うのもそこなんですよ。相手が気分を害するんじゃないかってハラハラするような言い方をときどきしているようなんです。本人に注意しても、とくに相手方から文句を言われることもないから大丈夫です、なんて言うんです」

『おそらくご本人は、相手の言葉に繊細に傷つくタイプではないんでしょう。だからみんなもそうだと思ってしまうんでしょうね』

「そうかもしれません。アドバイスしても的外れな応答になるし、結構図太いところがあるので。だけど、いろんな人がいますし、彼より繊細な人のほうが圧倒的に多い気がします。嫌な感じがしても、向こうも大人だからあからさまに文句を言わないんでしょうけど、やっぱり関係が悪化しても困るし……」

『そうですよね。それに加えて、何につけてもマニュアルに頼らずに、自分の頭で考えて、試行錯誤する習慣を身につけてもらうことも大切かもしれませんね』

「たしかにそうですね。何しろ定型文をくれなんて、これまでだれからも言われたことがないし、みんな自分の頭で考えて対応してるわけですよね。それができるようにならないと、この先どんな部署に行っても困りますね」

そこで、つぎのようなアドバイスを行った。

コミュニケーションというのは、相手との相互作用で進めていくものであって、けっして一方的なものになってはならない。相手が何を言ってきたかを踏まえるのは当然だが、どんな思いで言っているのか、何を求めているのか、といったことを考慮して、こちらの言い方を工夫する必要がある。

相手がイライラしているようなら、気持ちを和らげるような言い方を心がける必要がある。

こちらに何かの手違いがあって文句を言われたときも、相手はとくに問題をこじらせるつもりはなく、ただ謝罪の言葉がほしいだけということも珍しくない。それなのに言い訳ばかりしていると、向こうの気持ちが収まらず、ついにこじれてしまう、といったことにもなりかねない。

こちらに失態や失礼があったときは、丁重に謝罪をするのは当然のことだが、相手が何か勘違いしているような場合も、勘違いを糾弾するように指摘したら、相手は気分を害してしまうだろう。

この悩める管理職は、これまで定型文を要求されたことはないが、みんなそれぞれに考えてうまくやってくれていたのに、なぜそれができないのかと首を傾げていた。それは社会経験をしっかり積んできたかどうかの違いと言えるだろう。

多くの人は日常生活の中で、失礼があってはいけない、相手が気分を害さないようにしないと、きつい言い方にならないように気をつけないと、感謝の気持ちを表すようにしないと、といった配慮を自然にしているため、定型文などなくても人の気持ちに対する配慮ができるのである。

ところが、日頃からそうした他人の気持ちに対する配慮をせずに過ごしてきた人は、相手の気持ちに配慮した言い方を心がけるようにと言われても、どう配慮すればいいかがわからない。

社内の人に対しても、相手の気持ちに配慮することなく、間違いや勘違いをきつく指摘するような人物は、取引先の担当者に対しても似たような対応をしてしまいがちである。ゆえに、社内での様子を見て、人に対する配慮不足を感じる場合は、とりあえずは定型文的な言い回しを教え込むにしても、以上のような心がけを地道に教えてあげることが欠かせない。

そこで大事なのは、自分の頭で考えて動く心の習慣を身につけるように促すことである。

マニュアルに頼っていると、決められた通りに動けばいいので、どうしても思考停止に陥りがちである。

何かにつけて、相手はどんな気持ちなのかを想像し、何か言う際にも、それを言われたら自分はどう感じるかを想像してみる。それを常に意識するようにアドバイスする必要があるだろう。

社会経験が豊かな人にとっては当たり前にできることでも、それが乏しい人には当たり前ではないのだ。そこのところを踏まえて、根気強く教育的働きかけをしていくことが大切である。

「指示通り」というのが意外と難しい

仕事に慣れてきたら、経験をもとに自分で考えて動くようになってほしいのに、いつまでたっても自分の頭で臨機応変に考えることができず、決められた通りにしかできないのが、前項で取り上げた「定型文」を求める人物の問題であった。だが、指示通りに動くことすらできない従業員に頭を悩ます経営者もいる。

「指示待ち人間がいて困るって嘆く経営者仲間がいるんですけど、私からしたら、指示通りに動いてくれるんならいいじゃないかって思いますよ。こっちはいくら注意しても指示通りに仕事をしてくれない従業員に手を焼いてるんですから」

『指示通りに動いてくれるんなら、まだマシじゃないかと』

「ええ、そうですよ。それも複数いますから。事務職の人物に、言われた通りにパソコン入力することができないのがいるんですよ」

『パソコンが苦手というわけではなくて、指示通りの入力ができない、ということですか?』

「パソコンが苦手、っていうより、顧客ごとに用件が記してある書類の分類ができない、っていう感じです」

『書類の分類ができない』

「具体的に言うとややこしくなるんで、大雑把な言い方をしますと、たとえば面会予約の用件はA欄に入力する、商品の発注の用件はB欄に入力する、商品に対する問い合わせの用件はC欄に入力する、っていう感じに用件の内容で分類して入力する、っていうのがうまくできないんです。しょっちゅう間違えてるんですよ」

『なるほど。内容による分類がうまくできないというわけですね。他にも似たようなことがあるんですか?』

「ええ。面会予約もうまく調整できないんですよ。たとえば、面会時間を1時間単位で取っておくとして、来週の月曜日の午後がいいというAさんと、1~4時の間がいいというBさんと、夕方がいいというCさんがいて、Bさんを1時から、Aさんを2時から、Cさんを4時からに入れたとします。そこにできるだけ午後の早い時間がいいと言うDさんから連絡があったら、AさんかBさんに3時からに移ってもらって、Dさんを1時ないし2時からにできますよね。それがうまく考えられずに、『午後の早い時間はもう埋まってしまってて、3時からか5時からになります』って言っちゃうんですよ。それで相手は困ってしまう」

『時間帯を移せばいいのに、その頭が働かないんですね』

「ええ。それで断っちゃうことがあるんです。調整すれば十分対応できるのに、そういう発想ができないんです」

『書類の分類ができないというのも、予約時間帯の調整ができないというのも、言ってみればシステム思考ができないんですね』

「そうですね。頭の中がぐちゃぐちゃなんです。何とかならないものですかね」

『頭の中を整理する方法を工夫する必要がありそうですね』

「できそうですか？　あと営業職の人物にも頭の中がぐちゃぐちゃなのがいるんです」

『営業職にもですか。具体的にはどんな感じなんですか？』

「たとえば、取引先を訪問して、相手方が何を求めているのかをつかんできてほしい、価格とか性能とかいろいろあると思うけど、どんな点をとくに重視しているのか、探りを入れてきてほしい。そんなふうに伝えて行かせるんです」

『取引先の要望、どんな点にこだわっているかとかを聞き出してくるように頼んだということですね』

「そうです。それで取引先の担当者と面談して帰ってきて、『どうだった?』と言って話を聞くんですけど、結局、先方が何を望んでいるのか、どんな点にこだわっているのか、まったくわからないんです。そもそも彼が何を言おうとしているのかがよくわからない。それでメモを見せてもらったんです」

『口頭での説明を聞いてもよくわからないから、メモを見せてもらったわけですね』

「ええ。それでメモを見ながら説明を再度聞いたんですけど、まったくわかりませんでした。メモを見ても、先方が何を望んでいるのか、どんな点にこだわっているのかに見当をつけるためのヒントが見当たらないんです」

『話が要領を得ないだけでなく、メモそのものも整理されていない、ということですね』

「そうです。たとえ先方がとりとめのないことばかりしゃべったとしても、こっちから突っ込んで聞き出せばいいじゃないですか。それでつかめた情報をメモすればいい。でも、メモを見ても支離滅裂で、何だかさっぱりわからないんです」

『頭の中が整理できていないんでしょうね』

「ほんとにそう思います」

『本人の頭の中が整理できていなければ、当然ながら相手の話を系統立てて聞くことができないし、相手の話の要点をつかむこともできない。それで、聞いた内容をうまく整理しながらメモすることもできないんでしょう』

「人の話を聞くっていうのも、結構能動的な行動なんですね」

『聞く側の頭の中が整理できていないと、相手の話の要点をつかめなかったり、大事な点を判断できなかったりします。たとえてみれば、聞く側の頭の中にいくつかの整理箱があれば、話を聞きながら、これはこっちの整理箱に入れる話、これはあっちの整理箱に入れる話、っていう具合に、整理しながら聞けるわけです』

「なるほど……書類の整理ができない事務職にも、取引先の要望を聞き取れない営業職にも、どちらにも通じることですね」

指示待ちで困る、言われたことしかやらないから困る、といった声もよく耳にするが、今回の問題は、指示通りに動くことさえできないので困っているということである。その背後にあるのは、頭の中が整理できていないということ。そのために、書類を見て分類したり、人の話を聞いて要点を整理したりすることができない。

そこで大事なのは、頭の中を整理する訓練をすることである。ゆえに、以下のような具体的な訓練法についてのアドバイスを行った。

目の前の業務をこなすことに追われ、実務が滞ってしまうからといって訓練を怠っていると、ミスも多く、効率も悪い働き方がずっと続いてしまうことになる。後々戦力になってもらうことを考えると、急がば回れで、教育訓練の時間を取ることも必要だろう。

頭の中を整理するには、物事を理屈で整理する訓練が有効である。数列（数字がいくつも並んでいるもの）を見て法則性を見抜いたり、絵合わせみたいなバラバラな図を見て組み合わせを考えたりするゲームがあるが、そういった法則性を見抜く訓練も、システム思考を身につけるのに役立つ。

文章を読んで要約する訓練も効果的だ。小学校や中学校などで、新聞の社説を読んで要約する練習を国語の時間にした経験のある人もいるだろう。文章を読んで、要点をスムーズに抽出することができるようになれば、人の話を聞いても、その要点を抽出することができるようになるはずだ。

文章を読みながら、大事な点を抜き出し、メモする訓練をするのもいいだろう。そうした訓練をすることで、漫然と文章を読んでいた人も、どこが重要なのかを意識しながら文章を読む姿勢が徐々に身についていくはずだ。

それと並行して、人の話を聞きながら、大事な点をメモする訓練をするのもいいだろう。指示通りに動けないという人も、相手の話の要点がつかめないという人も、人の話を何となく聞き流す習慣が身についてしまっていたりする。大事な点をメモする訓練によって、何が重要かを意識しながら人の話を聞く習慣が徐々に身についていく。

頭の中を整理するには、さらにメモを見ながら、文章の流れや人の話の流れを図解する訓練をするのも効果的だ。重要と思われる単語や短文を矢印でつないで、チャート式に流れを作ってみる。それによって、文章の流れや人の話の流れが一目瞭然となる。

一般に、文章の読解力に優れている人や人の話の大事な点をうまく把握できる人は、頭の中でそうした図解が自然に、しかも瞬時にできていくのである。だから文章の理解も正確で速く、人の話の要点もきちんと聞き取ることができる。

指示通りに動けない人、文書を分類できない人、人の話の要点をきちんとつかむことができない人は、それが自然にできていない。そこを訓練によって改善していくことが大切な課題といってよいだろう。

話が回りくどく、何を言いたいのかわからない

要領を得ない話し方をするため、職場の人たちを苛立たせる人がいる。話が回りくどくて、結局何を言いたいのかわからない。そんな部下に振り回されることが多く、困っているという管理職がいる。

「まあ、とにかく何を言いたいのかわからないんですよ。そんなだからトラブルも多くて、本人も困ってるんでしょうけど、しょっちゅう興奮した調子で何か言いにくるんです。こっちも仕事を中断して耳を傾けるんですけど、結局何を言いたいのかよくわからない」

『興奮した調子ということは、何か困っていることがあって相談に来るんでしょうか？』

「そうなのかもしれませんけど……まあ、いろいろまくしたてるんですよ。でも、枝葉末節の話ばかりで、いつ本題に入るのかと思って聞いていると、突然話し終わり、『こんなんじゃ、やってられませんよ。何とかしてください』とか言うんです。それで、これまでの話

は前置きの雑談じゃなかったのか、って気づくわけですけど、そもそも何が問題なのかがわからない」

『そうですか。何か困っていることがあって、何とかしてほしいと言ってくるのだけど、話が要領を得ないため、どうしてほしいのかわからない、そもそもどんなことで困っているのかがわからない、っていうことですか』

「ええ、そうなんです」

『それで本人に再度説明を促したりはしているんですか？』

「もちろんです。話がよくわからないから、何が問題なのか、もう少しわかるように説明してほしいと言うと、『だから、さっきから言ってるじゃないですか、ほんとに困ってるんです！』といきり立ち、まくしたてるんですけど、やっぱりよくわからない」

『感情が先走るばかりで、理屈が飛んじゃってる、って感じですかね』

「まさにそんな感じです。何か困ってることがあることはわかるし、何とかしてほしいっていう気持ちは伝わってきます。でも、何をどうしてほしいのかがわからない。それでこっちが困惑していると、その表情を見て諦めるのか、『あっ、いいです。現場のことはどうせわかってもらえないって思ってたので』なんて捨てゼリフを口にして立ち去っていくんです。現場のことはわからないっていうことじゃなくて、あんたの言い方がまずいんだろう、って言いたくなっちゃいますよ」

『きっと頭の中が整理できていないんですね。こんなんじゃ困る、やってられない、といった感情面ばかりが意識の前面に出ていて、何がどう問題なのかっていう理屈面が意識に上っていないんでしょう。本人もちゃんと意識化していない。だからいくら気持ちを訴えられても、何が問題なのかわからない、っていうことになってしまうんでしょうね』

そこで、話が要領を得ず、イライラする気持ちはわかるけれども、そこはグッとこらえて、混沌とした話の糸のもつれをほぐすような対話を心がけるようにアドバイスした。その際、話の中に出てきた言葉を手がかりに質問しながら、話の流れを明確化していく必要がある。

たとえば、人の名前や業務についての話が出たら、「○○さんがどうかしたんですか？」「○○さんの言動に何か問題があるっていうことですか？」「△△業務で何かまずいことがあるっていうことですか？」というように、問題のありかについて質問していく。

そして、〇〇さんに何か問題を感じているということなら、「〇〇さんのどういうところが問題だと思うんですか？」「〇〇さんにどうしてもらったらいいと思いますか？」などと焦点を絞っていく。△△業務に何か問題を感じているということであれば、「△△業務のどんな点が問題だと思うんですか？」「△△業務をどのように改善したらいいと思いますか？」などと焦点を絞っていく。

要は、本人が頭の中を整理するのを手助けする必要がある。それによって、何が問題なのか、どうしてほしいのか、といったことがはっきりしてくる。本人は、モヤモヤしながら苛立ってるわけだが、こうした対話によって、自分が何に苛立っているのかがわかってくる。こっちも、何が問題でどうしてほしいのかがわかってくる。

ところが、その管理職が再び相談にやってきた。

「彼の話の中に出てくる人の名前や業務内容について、何が問題なのか、どうしてほしいのか、問いただしてみたんですけど、それでも何を言いたいのか、まったくわからないんです」

『あれこれ突っ込んで質問してみても、やっぱりはっきりしない、というわけですね』

「ええ。たとえば、ある同僚の態度に不満を持っているということは伝わってくるんですけど、どんな態度が問題だと思うのかと尋ねても、『なんか嫌なんです』『あれはよくないと思うんです』って言うばかりで、具体的な説明にならないんです」

『そうですか。言語化が苦手、自分が思っていることを言葉で説明するのがどうも苦手なようですね』

「あっ、それですね。そういえば、こんなこともありました。本人がやっている作業に入力ミスが多いので、定型文のコピペをして、日付や数字や先方の名前をその都度修正すれば、毎回すべて入力するよりミスが少なくなるのではとアドバイスしたんです。それに対して、『そうすると、かえって間違えそうで……』と言う。でも、すべて新たに入力することで入力間違いが目立つのだし、コピペをしたくない理由というか、こだわりでもあるのかと尋ねても、『もう、いいですか』と言って立ち去っちゃうんです。言語化できないんですね、きっと」

『何か思うことがあるんでしょうけど、それをうまく言語化できないんでしょうね。トラブルが多いというのも、思っていることを周囲の人にうまく伝えられないことが関係している可能性がありますね』

「あんな感じだと、私もイライラするほどだから、一緒に仕事している仲間たちもイライラするはずです」

『そうですね。本人自身も、周囲にわかってもらえないためイライラするんだと思います。やはり言語化の訓練をする必要がありそうですね』

そこで、自分の思いを言語化する訓練として、具体的な方法をアドバイスすることにした。ただし、個別に言語化の訓練をすると、本人は自分が問題人物視されていると感じて被害感情を抱く可能性もあるし、当人に限らず言語化能力を磨くことはコミュニケーションの円滑化に役立つので、研修の一環としてその部署のメンバー全員に行うのがよいのではないかといったアドバイスも付け加えた。

まず簡単にできるのは、思うことを文章にする練習である。ここで問題となったような人物の場合、作文が苦手なのではないかと思われる。作文が得意な人物にしてみれば、ただ自分が思っていることをそのまま書けばいいのだから簡単なはずである。だが、言語化するのが苦手な人物にとっては、自分が思っていることを言語化するのは難しい。

頭の中が言語的に整理されていないのだ。思いが言葉で整理されずに、モヤモヤした状態で漂っている。そこで、思っていることを言語化する訓練によって、頭の中を整理していくのである。

自分が思っていることが頭の中で言語化されれば、本人も自分の思っていることを明確につかめるし、人にそれを伝えることができるようになる。自分の思っていることを人に伝えられれば、気持ちがスッキリする。それによって、コミュニケーションも円滑になり、ストレスも軽減され、モチベーションが高まるといった効果も見込める。

頭の中のモヤモヤを、対話を通してはっきりつかめるようにしていくというのは、いわゆるカウンセリングの基本原理でもある。それを応用して、ときどき思っていることを引き出すような対話の場を設けるのも有効だろう。

自分の思いを人に伝えるためには、思いを言葉にしなければならない。言語化が苦手な人物は、ふだんから思いを口にし合うような人間関係をもっていないことが多い。そのような場を与えることで、自分の思っていることを言語化する習慣が身につき、コミュニケーションも円滑になっていくことが期待できる。

理屈が通じない

コミュニケーション力が乏しい若者が増えていることから、新人採用時にコミュニケーション力を重視する企業が増えている。その結果、コミュニケーション力のある若者の争奪戦の様相を呈している。だが、ひと口にコミュニケーション力といっても、それが何を意味するのかがあいまいで、面接等でコミュニケーション力の高低を見分けるのは意外に難しい。

コミュニケーション力のある人材を採用したはずなのに、理屈が通じないので困ると嘆く管理職も珍しくない。

「うちのような接客業務のある職場では、コミュニケーション力がないと困るので、コミュニケーション力重視で採用したはずなんです。たしかに人当たりがいいし、だれとでも打ち解けて話せるし、すぐに仲良くなるから、当初は良い人が来たと安心してたんです。でも、研修が済んで、いざ仕事の現場に出したら、どうもお荷物な存在になってるみたいで、現場から文句が来るようになって……今、結構手を焼いてるんです」

『たしかにコミュニケーション力っていうのは多面的だから、コミュニケーション力の高い人かどうかを見分けるのは、結構難しいですよね。だれとでも打ち解けて話せるという社交性だけではないですからね』

「そうなんですよね。どうも彼女の場合は、理屈が通じないっていう感じのコミュニケーションの問題があるみたいなんです」

『具体的には、現場ではどのような問題が起きているんでしょうか？』

「そうですね、いろいろあるんですけど……たとえば、勤務予定表っていうのがあって、それぞれが勤務日のシフトを記入するんです。いつもは勤務する曜日でも都合が悪い日があると、代わりの人を決めないといけないので、2週間前までにそこに記入することになってるんです。でも、早くからわかってる場合は2週間以上前でもわかった時点で記入するようにしてるんです。これまではその方式で揉めることなんかなかったんですけど、彼女はそれで揉めてるようなんです」

『早めにわかっていたら2週間より前でも都合が悪い日を記入する、っていうことですよね？』

「はい、そうです」

『それで、どう揉めるんですか？』

「他の人たちは2週間以上前でもわかった時点で都合の悪い日を記入するんですけど、彼女はいつもきっかり2週間前に記入するんです。それは規則通りなんですけど、代わりの勤務者を決めるには早い方がいいので、周囲の人が『もし早めにわかったら、2週間以上前でもすぐに記入してよ』と言うと、『決まり通り2週間前でなんでいけないんですか』って言うらしいんです。それで、できるだけ早く言ってもらうと代役を見つけるのが楽だからと言ったら、今度は2週間よりだいぶ前に記入したんですけど、注意書きとして『この日は休むかもしれません』って書いてあるんですよ。かもしれないじゃ困るって言うと、『できるだけ早くって言われたから』って言うらしいんです。もう手に負えませんよって言われてしまって
……」

『だれとでもすぐに打ち解けてしゃべれる人当たりの良さとかいう意味でのコミュニケーション力があっても、理屈が通じないという意味ではコミュニケーション力が問題になって

いる、っていうわけですか』

「そうなんです。コミュニケーション力っていうのは、社交性だけじゃ足りないんですね」

同席していた別の部署の管理職が、こうしたやり取りを聞いて、会話に加わってきた。

「うちにも理屈が通じないのがいて、ちょっと困ってるんです。販売部門でお客の対応をするんですけど、値引き交渉された場合、最大限20％までは引けるけど、できるだけ10％引きで成立させてほしい、どうしてもとなったときも15％までで粘ってみるように、ということになってるんです」

『最大20％まで引けるけど、できるだけ10％引き、それでうまくいかない場合も、いきなり20％引きまでいかずに15％引きまでで粘るように、っていうことですね』

「そうです。ところが、15％よりも引いてしまうことが、他の人より明らかに多いんです。その都度、15％よりも引いてしまうと、いろんな経費を考えると厳しくなるからもっと粘ってほしいと注意するんですけど、またすぐに15％よりも引いてしまうんです」

『その場合、商品ごとに10％引きだといくら、15％引きだといくら、といった目安はわかってるんですかね？』

「あっ、そこですか。考えてみると、そこは怪しいですね。この前注意したとき、『もちろんはじめは10％引きの値段で交渉したんですけど、なかなか納得してくれなくて、あと1万円引いてくれたら買うからって言われて、1万円なら1割以下だし、まあいいかなって思ったんです』って言うんです。だから、はじめに10％引いてるんだから、そこから1万円引いたら15％以上引いたことになるじゃないかって言ったら、ポカンとしてるんです」

『それは、15％引きがいくらになるか、っていうところが、よくわからないんじゃないでしょうかね』

「たしかにそんな感じがします。数学が苦手な人は多いけど、これは数学っていうより算数でしょうし、電卓を使ってるんですけど、何％引きがいくらになるっていう計算がうまくできないのかもしれませんね」

そこで、まずは人とのコミュニケーションでは、打ち解けてしゃべるなど気持ちを通い合わせる能力だけでなく、理屈が通じるという意味での論理能力も重要な要素になることを説明し、論理能力を高めるための具体的方法についてアドバイスした。

その意味では、ここで問題となっている人物に対しては、論理的思考の訓練をする必要があるだろう。だが、論理的思考能力というものは急に身につくものではないので、前者の事例では、当面は2週間前でいいということでいくしかないだろう。あまり複雑なことを言うと、本人は混乱してしまうし、わけのわからないことでケチをつけられたような気分になり、モチベーションが落ちてしまう。論理的思考が鍛えられてからみんなと同じ方式を求めればいい。

論理的思考能力を鍛えるには、学校で勉強した国語の論説文の問題練習を地道にしていくのがいいだろう。仕事に必要なコミュニケーション力を高めるために必要な能力アップだと説明して、自己研鑽に励んでほしいとでも言ったらどうだろうか。

後者の事例については、％という抽象的概念に馴染んでいないことが問題なのではないか。何割とか何％といった概念を使いこなすのが当たり前のように思っている人が多いかもしれないが、じつはそれがよくわからないという人は、意外に多いのだ。

今から20年以上前の１９９９年、経済学者西村和雄たちによる『分数ができない大学生――21世紀の日本が危ない』（東洋経済新報社）が話題となり、学力低下の問題の深刻さに世間の目が向けられることになった。西村たちによれば、小学校の算数の問題も解けない大学生が多いというのであった。

たとえば、1998年4月の19大学の新入生5000人に対して、数学学力調査が実施された。その結果、分数ができない大学生が相当数いるということが明らかになったのだった。

その後、数学者芳沢光雄が『「%」がわからない大学生』(光文社新書)において、10年近く前から、さまざまな大学の教員たちから、「比と割合の問題で信じられない間違いをする学生がいて困る」というような声を聞くようになったとしている。芳沢自身も、学生から「『%』って何でしたっけ?」という質問を受けるようになったという。

大学生なのに小学校で習ったはずの分数や%がわからないなどと聞くと、教育現場の実情を知らない人は耳を疑うかもしれないが、現場をよく知る者にとっては格別驚くことでもない。であれば、就職してくる人物が%をちゃんと理解できていないということも十分あり得るのである。

そこで、仕事現場での混乱を防ぐためには、何%引きというような抽象的な指示を与えるのではなく、商品ごとに、値引き交渉ではまずはいくら(10%引きの値段)を提案し、どうしてもまとまらずさらなる値引きを求められたらいくら（15％引きの値段）までで粘る、最悪いくら（20％引きの値段）までしか引けない、というように、具体的にいくらという値段で示すようにする必要がある。

もちろん％についての勉強をさせることも大切だが、それを習得するには時間がかかるので、まずはその場しのぎではあるが、仕事現場をスムーズに動かすには商品ごとに具体的な値段で基準を示すことが欠かせない。

第2章

メタ認知能力の改善が必要な人

意欲ばかりが空回り

やる気のない従業員を抱えてしまうと苦労するが、やる気はあってもなかなか仕事ができるようにならない者もいる。そのような意欲が空回りしている従業員の扱いに頭を悩ます経営者は、つぎのように思いを語る。

「非常に意欲的な若者が入ってきて、これは良い人を採用できたと喜んだんです。できるようになりたいっていう思いをものすごく感じるんです。仕事についていろいろ質問してくるし、やる気に満ちてる感じで」

『それは良かったですね』

「でも、喜んでばかりはいられないっていうことがだんだんわかってきたんです」

『というと、どういうことですか?』

「やる気があるわりには、なかなか仕事ができるようにならないんです」

『やる気はあるのだけど、仕事ができるようにならない。もう少し具体的に言うと、どんな感じなんでしょうか？』

「たいてい1カ月か2カ月もすれば、未熟なりにもある程度任せられるようになるものなのに、いつまでたっても先輩にいちいちやり方を質問したりしながら、どうにかこなせている、っていう感じなんです」

『意欲はあるのだけど、それが空回りしている感じがすると』

「ええ、そんな感じなんです。なんでだろうと思って、このところ仕事ぶりを見ているんですけど、ふつうは自分が何ができていないかに目を向け、そこを強化しようとするものですけど、ただがむしゃらに目の前の仕事をこなすばかり、っていう感じがするんです。自分にとっての課題がわかっていない気がするんです」

『課題がわかっていない。つまり、自分には何が欠けているか、どこを強化しないといけないか、といったことがわかっていないと』

「そうです。仕事がまったくできないわけじゃなくて、熱心に取り組んでいるし、それなりにはこなせてるんですけど、できていないところもまだまだあるのに、とりあえずのやり方を必死に繰り返している感じで、改善点に目が向かないみたいなんです」

『自分の強み・弱みに気づいていない。何はできるようになってきているけど、何はまだできていない、っていうことに目が向いていない。だからとりあえず身につけたやり方でがむしゃらに仕事をこなすばかりで、弱点の改善ができない。それで伸び悩んでいる。そんな感じでしょうか』

「ええ、そんな感じです。何が苦手なのか、まだできていないのはどんなことか、っていうことがわかれば、そこを強化していけば、仕事力は高まるし、伸びていけると思うんですけど、そこに気づけないから足りないところが改善されないんです」

『お話を伺っていると、自分自身を振り返る姿勢が乏しいようですね。そのため意欲はあっても空回りしている』

「そうですね、自分を振り返って足りない点に気づくっていうのは大切なことですよね。そういう姿勢が足りない気がします」

『先輩たちに積極的に質問するそうですけど、その際に足りない点を指摘されたりはしないんですか？』

「多分指摘されないんだと思います。何しろこういうご時世ですから、先輩たちは新人の弱点に気づいても、なかなか指摘しにくいんじゃないかと思います。落ち込まれても困るし、傷ついたと言われても厄介だし……」

『そうであれば、まずは自分自身の現状を振り返って、自分にとっての課題をしっかりとらえてもらう必要がありそうですね。非常に意欲的で、できるようになりたいっていう思いが強いということなので、自分にとっての課題がわかれば、その克服に向けてがむしゃらに突き進んでいけそうに思えますね』

「ええ、そうなってくれるといいんですが。今のままでは、せっかくやる気があっても空回りで、できるようになりたいっていう思いを強く感じるだけに、もったいないって言うか、可哀想で」

『できるようになりたいっていう思いが強いわけですから、まだまだ足りない点など、自分の課題を知ると同時に、自分の強みも知ることができれば、落ち込むことなく、強みを活かしつつ、課題の克服に向かっていけるんじゃないでしょうか』

そこで、自分を振り返るということに関連して、メタ認知についての解説をするとともに、以下のようなアドバイスを行った。

メタ認知という言葉はあまり聞いたことがないだろうが、自分自身の認知活動についての認知（自分がどのように認知活動をしているかを振り返ること）がメタ認知である。勉強や仕事などで頭を使うのは、まさに認知活動である。仕事に関して言えば、仕事をするという自分の認知活動を振り返り、その現状をモニターすることにより、問題点を把握するのがメタ認知の働きと言える。

たとえば、自分の仕事のやり方や成果に関して、ちゃんとできているか、成果を上げているか、だれかに負担をかけていないか、どこかでつまずいていないか、よくわかっていないことはないか、どんな点でミスを犯しやすいか、もっとできるようになるために改善すべき点はどこか、などと振り返ってチェックするのがメタ認知である。

学校時代であれば、メタ認知がうまく機能していない場合は、自分の勉強の仕方に問題があっても、それに気づくことができず、不適切なやり方を続けるため、成績の向上が期待できない。

メタ認知が適切に働いていれば、自分の仕事のやり方のどこはうまくいっているが、どこに問題があり、どのように改善する必要があるかがわかるため、そこを改善するための対処行動を取ることができる。それによって仕事力が向上していく。

先の事例の人物の場合、できるようになりたいという意欲は非常に強いにもかかわらず、仕事力がなかなか高まらないので、伸び悩んでしまっている。そこでの問題は、このメタ認知が機能していないことにあると考えられる。

目の前の仕事に没頭することは大切だし、その点に関しては問題は感じられない。だが、がむしゃらに仕事に向かっているだけでは、どこかで伸び悩んでしまう。仕事にまだ慣れないうちは、それも大事だが、ある程度慣れてきたら、さらなる飛躍が求められる。そこで必要になるのがメタ認知である。

自分の仕事のやり方のまずい点を改善したり、能力開発が必要な点を意識して強化したりするためには、一歩退いて、自分の仕事ぶりを振り返ってみる必要がある。そうした姿勢が欠けているのが問題と言える。

学校時代から、勉強のできる子はこのようなメタ認知がうまく機能していることが実証されているが、仕事も同じである。自分はどんなことはうまくできるようになっているが、どんなことがまだ十分にできるようになっていないということが把握できれば、強みを活かす仕事のやり方を工夫したり、弱点を補強して仕事力を高めたりすることができる。

先の事例の人物に対しては、このようなメタ認知を促す教育的働きかけが必要と言える。

個別面接の場を設けて、日頃の仕事ぶりを振り返って、気づくことを言ってもらうのもよいだろう。

たとえば、自分の仕事のやり方に関して、どんな点はうまくできていると思うか、人から評価してもらえたことは何かあるか、どんな点はまだうまくできていないと思うか、人から注意されたことは何かあるか、自分にはどんな長所があると思うか、自分にはどんな短所があると思うか、というような質問をして、それぞれについてじっくり振り返って考えてもらう。それによって何らかの気づきが得られるはずだ。

まだうまくできていない点についての気づきが得られたら、どのようなことに注意すべきか、どんなスキルを身につける必要があるか、どんな能力を開発していく必要があるかを考えてもらう。

自分の長所に関する気づきが得られたら、その強みを活かすにはどんな仕事の仕方を心がけたらよいかを考えてもらう。自分の短所に関する気づきが得られたら、そこをカバーするにはどんなことを心がけるべきかを考えてもらう。

このような面接を1回行ったところで、急に改善することはあまり期待できない。自分の仕事ぶりを振り返る心の習慣を身につけてもらうには、このような面接を定期的に行っていく必要がある。月に1回でも、季節に1回でも、そうした場を経験することにより、自分を振り返るようになり、仕事の場でも自然にメタ認知が働くようになるはずである。

アドバイスを意地悪としか受け止めない

職場のトラブルの中には、メタ認知の欠如によるものが非常に多いように思われる。人の言動について、「言い方が酷い。もっと他に言い方があるだろうに」とか「あの態度に傷ついた」など、あれこれ評するのに、自分自身の言動にはほとんど意識が向いていない人が結構いるのだ。そこで、さまざまなトラブルが生じることになる。

その種のトラブルに振り回されている管理職は、現在進行中の問題について、つぎのように語る。

「新人から『先輩たちから意地悪ばかりされていて、このままじゃどうにも身がもちません』と相談があったんです。でも、これまでこの職場で意地悪をされたといった話は出たことがないし、職場の雰囲気はとても良いと感じていたので、いったいどういうことなのか探るために、新人の日頃の様子やふだんのやり取りについて周囲の先輩たちに聞いてみたんです」

『それは良い対応ですね。一方的な言い分だけでは実態はわからないですからね』

「ええ、そう思いまして。で、周囲の人たちに聞いたところ、その新人が言うのとは真逆のことを言うんです」

『真逆というと、どんな感じなんですか？』

「その新人が、これまでの新人と違って、物覚えが非常に悪くて、いくら教えても間違いばかりするので、ほんとうに困ってる、って言うんです。いわば、足手まとい的な存在になってるようなんです。それでも何とか戦力にしないといけないし、同じことを繰り返し教えなければならず、根気強くアドバイスしているものの、正直言って、ほんとうに手がかかり困ってる、これじゃこっちの身がもたない、って言うんです」

『なるほど。一方は意地悪ばかりされていて身がもたないと言い、他方は同じことを何度も教えるなど根気強くアドバイスしなければならず、これでは身がもたないと言うわけですね』

「はい。当初はどちらを信じたらよいのかわからなかったんですが、具体的にどんなやり取りがあったのかを聞いてみると、新人の言う意地悪がけっして意地悪とは思えないんです。先輩たちが親切でアドバイスをしているのに、新人はそれを意地悪と受け止めているようなんです」

『その新人さんの受け止め方に、どうも問題がありそう、っていうことですか』

「具体的なやり取りを知ってみると、そう思わざるを得ないんです。そうした受け止め方に関連することなんですけど、もうひとつわかったことがあるんです」

『受け止め方の歪みに関連して、何かわかったことがある』

「はい、そうです。先輩たちが言うには、新人が間違ったやり方をしたり、効率の悪いことをしていたりするため、そこを指摘してアドバイスすると、『それって説教ですか？』と言ったり、『そういう上から目線な言い方はやめてもらえますか』と言ったりするらしいんです。すぐに傷ついただとかハラスメントだとか言われる時代なので、傷つけないように言い方には気をつけているし、けっして偉そうな言い方や乱暴な言い方はしていないのに、すぐにそんな反応になるから困っている、って言うんです」

『そうですか。経験豊かな熟練者が、まだ経験の浅い未熟な人に仕事のやり方を教える際には、言い方は別にしても、構図としては上から目線にならざるを得ないでしょうね。それに対して、その新人さんは、必要以上に過敏に反応している可能性があるというわけですね』

「はい、そうです。そうとしか思えません」

『そのようなアドバイスの受け止め方について、新人さんにも何かお尋ねになりましたか？』

「ええ、率直に尋ねてみました。そうしたら、やっぱり受け止め方がかなり歪んでいるのがわかったんです」

『どんなふうに歪んでいるんですか？』

「その新人が言うには、先輩たちは自分のやり方をいちいち否定してくる、すぐにダメ出しをしてケチをつける、ほんとうに針のむしろで、こんなんじゃ仕事に集中できない、って言うんです。結局、自分のやり方が間違っているのを指摘されるのを意地悪って受け止めちゃうんですよね」

『やり方が違うという指摘も、こうすればいいというアドバイスも、ある意味では、その人が今しているやり方を否定することでもありますからね』

「でも、そうしないとちゃんと仕事ができるようにならないじゃないですか。それを否定されたと受け止めていたら進歩がないじゃないですか」

『その通りです。たしかにその方の受け止め方には歪みがありそうですね。やり方が間違っていたら率直に指摘してもらわないと、正しいやり方を身につけることができないですからね』

「そうですよ。それを、自分のやり方をいちいち否定してくる、意地悪だ、針のむしろだ、なんて言ってたら、できるようにならないじゃないですか」

『そうですね。自分のやり方をいちいち否定してくるというのは、そのやり方が間違ってるからで、けっして意地悪ではないですね。傷つけたらややこしいし、言いにくいからと、間違ったやり方をしていても指摘せずに放置する方が、かえって意地悪かもしれませんね』

「ほんとにそう思います。周囲の先輩たちは、よく投げ出さずに指導してくれていると思いますよ」

『先輩たちがまずい点を指摘して、正しいやり方をアドバイスしてあげないと、その人は上達していきませんからね。それを新人さんにどうやってわかってもらうかが難しそうですね』

「そうなんですよ。だから困っちゃったんです。両者の言い分を聞いて、実態は何となくわかったんです。でも、その新人の受け止め方の歪みをどうしたらいいのか」

『あなたの見方は歪んでるよ、って言って納得するくらいなら、先輩の指摘も素直に受け入れてるでしょうし、それを意地悪と受け止めるくらいなので、見方の歪みを指摘しても、意地悪と思われてしまう可能性もありますね』

「だから、どうしたらいいのか、悩んでしまいます」

そこで、この新人の受け止め方の歪みのおおもとになっているメタ認知の欠如と、その対処法について、以下のように説明した。

このケースにみられるメタ認知の欠如は、メタ認知的モニタリングの欠如である。先輩たちにやり方が違うと注意されたり、望ましいやり方をアドバイスされたりしたとき、「自分のやり方を否定された」という点にばかり目を向けているが、「自分のやり方が間違っていた」という点に目を向けていない。やり方が間違っていなければ、注意されることもアドバイスされることもなかったはずだ。そこに気づいてもらう必要がある。

その際、以下の３つの点についてしっかりと認識してもらうような対話をするのがよいだろう。

第１に大切なのは、仕事のやり方と自分自身を切り離すことである。仕事のやり方が間違っていると指摘された場合、「仕事のやり方」は否定されても、「自分という人間」が否定されたわけではない。そのことを説明し、「仕事のやり方」と「自分という人間」を冷静に切り離して受け止めるように導く対話をする必要がある。

第2に大切なのは、指摘したりアドバイスしたりするのは意地悪でなく親切であり、指摘せずアドバイスしない方が意地悪だということを説明し、納得してもらうことである。指摘やアドバイスがあれば間違ったやり方が改善され、正しいやり方で仕事ができるようになっていくが、指摘やアドバイスをしてもらえないと、いつまでも間違ったやり方を続けることになり、仕事ができるようにならず、お荷物社員になってしまう。そのことを理解してもらうような対話をする必要がある。

第3に大切なのは、この事例のような受け止め方の歪みがみられるような場合、上から目線に過敏に反応するところにも問題があることに気づいてもらうことである。自分より仕事に慣れている人から注意されたりアドバイスされたりすると、「どうだ！　こっちのほうがよく知ってるんだぞ！」と誇示された、あるいは「こんなことも知らないのか！」とバカにされた、いわばマウントしてきたと感じてしまう。それは、熟練者から学ぼうという姿勢が欠如しているということでもあり、それでは自分が損をする。そのことに気づき、熟練者から貪欲に学ぼうという気持ちになれれば、注意もアドバイスも自分の糧として利用し、仕事力を高めていくことができるはずである。そのことを理解してもらうような対話をする必要がある。

周囲は手を焼いているのに、仕事ができるつもりでいる

いくら教育的な指導をしても、こちらの言うことがなかなか染み込まない人物というのがいるものである。それに輪をかけて周囲を困らせるのが、仕事ができずに周囲に迷惑をかけているのに、本人は仕事ができるつもりでいる、いわゆる勘違い人間である。そのような新人に手を焼いている管理職は、つぎのように胸の内を吐露する。

「これまでいろんな新人を育ててきたんですけど、今回みたいなタイプは初めてで、どう扱ったらいいか、困り果ててます」

『初めてのタイプとのことですが、どんな感じなんですか？』

「何ていうか、こっちの言うことが染み込んでいかないっていうか……たとえば、働きぶりを見ていて、仕事の段取りがわかってないなと思って、それを教えると、『そうですよね』『はい、わかってます』っていう感じで、軽く受け流すんですよ。まるで改めて言われなくて

もわかっている、そうやっている、とでも言いたげに。でも、そうやってないから改めて教えたわけで……」

『ちゃんとできてたら改めて教える必要もないですからね』

「そうですよ。そのようなとき、これまでの新人は、『あっ、そうなんですね。わかりました』『そうでしたね。うっかりしてました。すみません』っていうような反応でしたし、こっちのアドバイスを吸収してくれてる感じがあったんです。でも今回の新人は、吸収してくれてる感じがまったくないんです。暖簾に腕押し、って言うんですかね。で、案の定、間違ったやり方をまた繰り返すんです」

『いくら教えても吸収してくれないで、同じ間違いを繰り返す』

「ええ。もちろんこれまでの新人も1回や2回教えただけで完璧に吸収できたわけではないですし、また間違えることもありましたし、効率の悪いやり方をしてしまうこともありました。でも、それを指摘したときの反応が違うんです。これまでの新人は、『あっ、そうでした。うっかりしてました』『すみません。これから気をつけます』っていう感じで、わかってもらえた、これで改善されるだろう、って思えたんです。でも、今回の新人は、そういう手ごたえがないんです」

『注意したり教えたりしても、こっちの言うことをわかってもらえたという手ごたえがない、だから改善されるだろうと思えない』

「そうなんです。自分のやり方がよくないということを深く受け止めてくれないんです。それで、また間違ったやり方や効率の悪いやり方を平気でするんです。一緒に仕事をしている人たちから、いくら言っても直らない、どうにかしてほしいと言われ、これははっきり言わないとダメだと思って、本人にはっきり言ったんです。教えたやり方が身についておらず、間違ったやり方や効率の悪いやり方を繰り返して周囲の人たちに迷惑をかけてるから、何とか改善するように、って言ったんです」

『こっちの言うことが染み込まないタイプだから、遠慮せずにはっきり言うことにした、っていうわけですね』

「そうです。ところがですよ、自分が間違ったやり方や効率の悪いやり方をしているのを認めないんですよ。ちゃんとできているはずだ、って言うんです。しつこく言っても、『それは間違えることもありますけど、先輩たちだって間違えることもあるでしょうし、だれでもそうじゃないでしょうか』なんて言って、自分がお荷物になっていることにまったく気づいていないんです。これには参りました」

『自分がとくに間違いが多いとか、みんなと違って効率の悪いやり方を続けてるといった自覚がないというわけですね』

「そうなんです。自分が仕事がちゃんとできていないってことに気づかないで、自分は仕事ができるって思ってるみたいなんです。言い訳っぽくなくて、本気でそう思ってるみたいなんです」

『なるほど、そういうことですか。どうも、そこにはメタ認知の欠如が関係しているようですね』

そこで、今回のように実際は仕事ができていないのに自分はできていると思い込むようなメタ認知の欠如が、じつはとくに仕事のできない人物によくみられる現象であることを説明することにした。

このような現象を端的に示したのが、心理学者ダニングとクルーガーによる実験である。

それにより、能力の低い人ほど自分の能力を過大評価する傾向があり、能力の低い人は自分の能力の低さに気づく能力も低いということが示唆されたのである。

彼らはいくつかの能力を測定するテストを実施し、同時に本人にそれぞれの能力について自己評価してもらった。そして、実際の成績をもとに、最上位グループ、中の上グループ、中の下グループ、底辺グループに分け、それぞれの実際の成績と自己評価のズレを調べている。その結果、非常に興味深いことが明らかになったのである。

たとえば、ユーモアの感覚についてみると、底辺グループの実際の得点は平均と比べて著しく低いにもかかわらず、本人たちは平均より上の成績を取れていると自己評価していた。底辺グループの平均点は下から12％に位置づけられるほどの、非常に悪い成績だった。平均を著しく下回っており、ユーモアの感覚はきわめて乏しいと言わざるを得ない。ところが、底辺グループの自己評価の平均は下から58％となり、自分は平均より上だと思い込んでいたのである。つまり、自分の成績をかなり過大評価していた。

それに対して、最上位グループにはそうした過大評価はみられず、むしろ実際よりやや低めに見積もる傾向がみられた。

論理的推論の能力など、その他の能力に関しても、まったく同じような傾向がみられ、底辺グループは自分の能力を著しく過大評価していた。つまり、自分の成績は下から1割のところに位置づけられ、9割の人が自分より成績が良いにもかかわらず、自分の成績は平均より上だと信じていたのである。

このような実験結果は、メタ認知の観点からは、成績の悪い人はメタ認知ができていないため、自分の能力の現状をモニターできず、問題点があることに気づけないため修正することができず、成績が低迷したままになってしまう、というように再解釈することができる。

つまり、「能力が低いから、自分の実力のなさに気づく能力も低い」というよりも、「メタ認知ができていないから、自分の現状がわからず、改善のための行動を取ることができない」と再解釈してよいだろう。

メタ認知研究でも、心理学者のハッカーたちが行った実験では、テスト成績をもとに5つのグループに分けて、本人のテスト成績の予想と実際のテスト成績とのズレを確かめている。その結果、テスト成績の最も悪かったグループだけが実際より高い得点を予想しており、他の4つのグループは、ほぼ実際の得点に近い成績を予想していた。

もう少し詳しく見ていくと、成績が最も優秀なグループは平均して83％の成績を予想し、実際に平均して86％の成績を取っていたが、成績が最も悪いグループは平均して76％の成績を予想しながら、実際には平均して45％の成績しか取れていなかった。このように、とくに成績の悪い人たちが、自分の成績を著しく過大評価するという形のバイアスを示すことが確認されている。

その後のテストでも同じ手続きを取ったところ、成績の最も悪いグループのみが大きなバイアスを示し続けた。

このように、とくに成績の悪い人物が大きなバイアスを示すという傾向が一貫してみられるが、まさにこれこそが、私が「わかったつもり症候群」と名づけたものである。「わかったつもり症候群」というのは、自分の理解度を正確にモニターすることができないため、自分の現状の問題点に気づくことができず、そうした気づきの欠如が危機感の欠如を招き、その結果、何の改善策も取られず、成績の低迷が続くというものである。

成績低迷の大きな要因のひとつとして、このようにメタ認知の欠如により「わかったつもり」になっているということがあるといってよいだろう。

こうしてみると、メタ認知の欠如こそが、仕事のできない人物ほど自分の危機的状況を自覚せず、お荷物社員から脱することができないことの理由であるとみなすことができる。

先の事例でも、いくら注意しても仕事のやり方が改善されず、相変わらず間違ったやり方や効率の悪いやり方をする人物を見て、なぜ改善しようと思わないのかと不思議に思うわけだが、そのような人物の場合、メタ認知をする心の習慣がなく、自分の状況に気づかないのだ。だから注意されても、深刻に受け止めることがなく、軽く受け流してしまい、本気で改善する気にならないのである。

周囲のだれが見ても力不足で、まさか立候補するとは思っていなかったのに、実績のある先輩たちを差し置いて、新たなプロジェクトの立ち上げメンバーに立候補する人物を見て、何を考えているのかわからないと訝る人もいるが、そのような人物もメタ認知ができていないため、自分が実力不足だということに気づけないのだ。

では、そのようなメタ認知の欠如した人物にはどう対処したらよいのか。まずは自らの現状を認識するように導く必要があるが、これは次項の問題にも深く関係するので、そこで解説することにしたい。

同じようなミスを繰り返す

前項と同類の問題だが、仕事のやり方が間違っていることが多く、気づくと注意するのだが、いくら注意して正しいやり方を教えても、同じようなミスを繰り返す従業員の処遇に頭を悩ませる経営者も少なくない。欧米流なら使えない従業員は即座に解雇できるが、日本ではそういうわけにはいかないので、何とか戦力になるように根気強く仕事を教え込んでいくしかない。

そのような従業員の扱いに頭を悩ます経営者は、つぎのように思いを語る。

「いくら注意しても同じようなミスを繰り返す従業員がいるんです。いくら注意してもケロッとしてて、反省する様子がないんです」

『反省する様子が見られない』

「ええ、あれはどう見ても反省してないですね。仕事のやり方が間違ってるので、注意して、正しいやり方を教えると、『そうなんですか、それは知りませんでした』って言うんです。指導役の人物に聞くと、いい加減にしてほしいって感じなんです」

『いい加減にしてほしい？　もう少し具体的に言うと、どんな感じなんでしょうか？』

「指導役の人物は、『何度も教えてますよ。間違えるたびに注意するんですけど、そんなこと教わってないって言うんです。もういい加減にしてくれって言いたくなりますよ』と呆れたように言うんです」

『何度も教えてもらっているのに、同じようなミスを繰り返す。そして、教わってないって言うんですか？』

「そうなんです。指導役は信頼できる人物だし、彼の言うことが正しいとは思うんですけど、念のため私からも正しいやり方を教えたんです。それでもまた間違えたから注意すると、『そんなこと教わってません。はじめて聞きました』って言うんです。指導役の言う通りでした。それで、これはやっぱりおかしいんじゃないかって思い始めたんです」

『明らかに教えてるのに、教わってないと言う』

「そうなんです。これじゃ、いくら教えてもちゃんとできるようにならないじゃないですか。どうしたらいいんでしょうか。こういう従業員、他の職場ではどんなふうに教育しているんでしょうか。っていうか、教育できるんですか？」

『まあ、とてもお困りなのはわかりますけど、ちょっと落ち着いて考えてみましょう。まず結論から申し上げますと、教育は可能ですし、教育的な働きかけを根気強く継続していく必要があると思います』

「じつは、もうひとりいるんです。こっちは反省するだけマシではあるんですけど……注意すると、『すみません、またやらかしちゃいました。気をつけます』って申し訳なさそうに反省の姿勢を示すんですけど、また同じようなミスをする。それで注意すると、申し訳なさそうに謝り、反省の姿勢を見せる。でも、また同じようなミスをする。この繰り返しです。反省し、こちらの注意をしっかり受け止めてる様子なのに、一向に直らないんです」

『反省はするけれども、直らない。同じミスを繰り返す。前に教わってることは覚えてるんですね？』

「ええ、覚えてるんです。っていうか、注意をすると思い出す、って感じみたいです。だから、先ほどの従業員と違って、そんなこと知らないとか教わってないとか言わないんですけど、やっぱり同じようなミスを繰り返すんです」

『なるほど。伺っていると、そのお二人はちょっと違うタイプの問題を抱えてるように思えます』

「違うタイプの問題ですか？」

『１人目の方のケースでは、いくら教えても『教わってない』『はじめて聞いた』というわけですよね。そこには認知能力の問題、なかでも記憶力の問題が深く絡んでいると思われます』

「記憶力の問題……たしかに記憶力に問題があるというのはわかる気がします」

『２人目の方のケースでは、注意されると、前に教わったことを思い出すし、前に注意されたことを覚えてるから、記憶がないわけではない。でも、同じようなミスを繰り返す。そこにはメタ認知の問題が深く絡んでいるように思われます』

「メタ認知の問題ですか……ちょっとイメージが湧かないんですが……」


そこで、同じようなミスを繰り返す２人のケースをもとに、記憶力の問題とメタ認知の問題について説明し、対処法のアドバイスをすることにした。

同じようなミスを繰り返すというのがここでの深刻な問題だが、前者のケースでは、教わってるはずのことであるにもかかわらず、教わっていないとかはじめて聞いたとかいう。それが何度も繰り返される。後者の場合は、指摘されると思い出すのでまだよいが、前者の場合は教わった内容をうっかり忘れるだけでなく、教わったということすら忘れてしまうところに、記憶の問題の根深さを感じざるを得ない。

この場合は、認知能力の問題が考えられるので、そこをカバーする工夫が必要となる。本人が思い出せない、つまり記憶がないのだから、「何度も教えたはずだ」といくら諭しても意味がない。ここで必要なのは、責めることではなく、記憶力の弱さを何とかして補うことである。

認知能力の問題は第1章で取り上げたが、ここで改めて確認しておきたい。

記憶がすぐに消えてしまう人の場合、記憶の刻み方を工夫したり、記憶の保持を工夫したりする必要がある。

記憶の刻み方の問題としては、集中力の欠如がある。人と話した後で振り返ると、相手の話した内容をほとんど思い出せないということがあるはずだ。相手の言うことを上の空で聞いていると、ほとんど頭に残っていない。耳で聞いているだけではなかなか記憶に刻まれない。意識を集中して聞いていないと記憶に刻まれない。

記憶が悪い人の場合、しっかり意識を集中して聞いていない可能性がある。その聞き方を改善する必要がある。そのためにも、こうした知識を教えるとともに、仕事に関するアドバイスを受けるときは、とくに意識を集中して聞くように諭すべきだろう。

記憶が悪い人の場合、記憶の保持に問題がある可能性もある。そこを改善するには、常にメモをするように習慣づけることが大切だ。そのときは覚えていても、翌日、あるいは数日後には忘れてしまうというのは、だれにもあることだ。ましてや記憶の悪い人の場合、そんなことが日常茶飯事となる。

そうしたことを防ぐためにも、受けた用件は常にメモしておきときどき読み返すように指示しておくべきである。紙にメモするのでも、パソコンやスマホに入力するのでも、どちらでも構わないが、机に貼ったりして簡単に参照できるという点では、紙にメモするのが便利だろう。

後者のケースでは、メタ認知の欠如が考えられる。何度も注意されたり、改めて教わったりしたということは思い出せるのに、同じようなミスを繰り返してしまう。自分がミスをしたということを深く受け止め、申し訳ない気持ちになっても、また同じようなミスを繰り返す。それはミスの原因にしっかり目を向けないからだ。なぜミスをしたかという視点から自分のやり方を振り返り、チェックするということができていない。つまり、メタ認知的モニタリングができていないのである。

前項で紹介した実験を行ったダニングとクルーガーは、成績が悪いのにそうした自分の問題に気づけない人たちの理解力を鍛えれば、自己認知が進み、自分の能力の問題に気づけるのではないかと考えた。そして、介入実験を行った結果、読書によって認知能力を鍛えることで、自分の能力を過大評価する傾向が弱まることが証明された。

読書により読解力が高まることは多くの研究により実証されているが、それによって自己認知能力が高まり、メタ認知までうまく機能するようになり、「わかったつもり症候群」から脱することができるというわけである。

これは読書により認知能力を高めることによって自分の現状にも気づかせようというものだが、もっと直接的にメタ認知のトレーニングをするという方法もある。

デルクロスとハリントンは、メタ認知的モニタリングの能力向上のためのトレーニングを行っている。そこでは、「問題を注意深く読んだか？」「問題を解くための手がかりは見つかったか？」など、問題そのものやその解法についてじっくり考えるように導く質問を行い、また何点くらい取れたかを尋ねている。その結果、トレーニングを受けたグループは、受けなかったグループと比べて、明らかに成績が良くなっていた。

つまり、このようなメタ認知的モニタリングを促すトレーニングによって、問題をめぐってじっくり考える姿勢が促され、同時に自分の理解度に関してもじっくり振り返る姿勢が促されたと解釈することができる。

この実験では、実験者がメタ認知的モニタリングを促す質問をしているが、それを自問自答に置き換えることができる。自問自答する心の習慣をつけるように促すのだ。「この作業はどのようにするのが効率的か？」「自分はちゃんと教わったやり方でやっているだろうか？」と自問自答する。ミスをしたときも、「何がいけなかったんだろう？」「今後どういうことに気をつける必要があるだろうか？」などと自問自答する習慣が身につけば、同じようなミスを繰り返すこともなくなっていくはずである。

自分は仕事ができないと嘆くばかりで改善がない

仕事ができずに周囲に迷惑をかけているのに本人は仕事ができるつもりでいるというのも困った話だが、自分は仕事ができないと嘆くばかりなのも困りものである。自分は仕事がちゃんとできていないことに気づいているだけマシではあるが、嘆くだけではいつまでたっても仕事ができるようにはならない。

そのような部下の扱いに手を焼く管理職は、つぎのような思いを口にする。

「はじめのうちはとても謙虚な人物だと思い、好印象だったんです。仕事に慣れないうちはミスはつきものなので、その都度ミスを指摘し、注意をすると、『すみません。要領が悪くて、皆さんの足を引っ張るばかりで……』『思うように仕事ができず、申し訳ありません』と恐縮した感じで反省を口にするので、今どき珍しく謙虚な若者だと思っていました。でも、いつまでたってもそのままなんですよ」

『そのまま、というのは?』

「いつまでたっても一人前にできるようにならないんです。もう半年以上になるんですよ」

『通常は半年くらいで一人前にできるようになるんですか?』

「あっ、一人前というのはちょっと言いすぎでした。初歩的なミスをせずに、とりあえず人に聞かなくても自分でやれるようになる、っていうことです。ふつうは1カ月もすれば、その程度にはできるようになるんです。それが半年たっても変わらず初歩的なミスをするんです。そして先輩に指摘されると、『すみません。仕事が全然できなくて皆さんの足を引っ張るばかりで……』と、自分のいたらなさを素直に認め、反省をするんですけど、なかなか改善されないんです」

『自分がうまく仕事ができていないことは素直に認めるし、反省を口にするけれども、まったく改善されない、ということですか』

「そうです。どうなってるんだと思い、本人を呼び出し、個別に話したんです。何か特別な事情でもあるのかと思って。でも、とくに何もなくて……」

『特段、何も事情はなかった、と』

「はい。ひたすら反省を口にはするんですけどね。『いつも気になっているんですけど、仕事ができずに皆さんの足を引っ張るばかりで、ほんとに申し訳なくて……』と言うのを聞いたときは、『そう思うなら、いい加減できるようになれよ！』と怒鳴りたいのを必死にこらえましたよ。いくら反省しても、一向に仕事のやり方が改善されないんで」

『たしかに、そんな調子では困ってしまいますね』

「自分が仕事でちゃんとできてないとわかってるなら、ふつうはこのままではいけないと焦るもんでしょ。で、必死になって仕事を覚えようとするじゃないですか」

『自分ができないことで周囲に迷惑をかけているという自覚があるなら、何とかできるようになって、足を引っ張らないようになりたいって思うでしょうね』

「そうですよね。でも、彼女を見てると、自分ができないことを嘆きはしても、できるようになりたいっていう思いがないんじゃないか、って疑いたくなるんです。そういう人もいるんですかね。できるようになりたいって思わない人も……」

『その方がどんな思いなのかはわかりませんけど、できるようになりたい、できるようにならなくちゃ、っていう思いがあっても、どうしたらできるようになるかがわからなければ、できるようにならないですよね』

「できるようにならなくちゃって思ってるんですかね。でも、たしかに、どうしたらできるようになるかがわからなければ改善しないですね。だけど、ふつうは仕事をしているうちに、だんだんできるようになっていくんですけど、なぜそうならないのか……」

『経験を積むことでだんだんできるようになっていく人の場合、自分はなぜ仕事がうまくできないのか、どこがまずいのか、どんなことができるようになればいいのか、そのためにはどんなことに注意したらよいのか、といったことをごく自然に考えながら、仕事のやり方を改善していくわけです』

「そうですよね。彼女にはそれがないんですよね」

『いつまでたってもちゃんとできるようにならないという人の場合、そうした振り返りがないため、気づきが得られず、改善がなされない。それが自然にできないんでしょう。放っておいても自然にできる人と違って、そういったことを促すような教育的働きかけが必要でしょうね』

「なるほどね。これまでの人たちはそれが自然にできていたから、私もあまり意識していなかったんですけど、振り返る習慣がないと気づきがありませんね。気づきがなければ改善しないですね」

『だから、それを促すんです』

「手がかかるんですね」

『もうひとつ、注意しておかなければならないことがあります』

「何ですか？」

『自分はうまくできないなどと始終嘆く人の場合、できないことによる心の中のモヤモヤが、人に嘆くことで解消され、スッキリしてしまう、っていう問題もあるんです』

「嘆くことで気持ちがスッキリしちゃうんですか？」

『ええ、それが自己開示のカタルシス効果です。不満にしても、心配事にしても、だれかに話すことで気持ちが楽になるっていうことがあるでしょう』

「たしかに人に話すと気分がスッキリする、っていうこと、ありますね」

『たとえば、上司の態度への不満が心の中に渦巻いているとき、同僚に上司への不満を聞いてもらうと、多少とも気分がスッキリしますよね。でも、上司の態度が改善されたわけではない。それでも、不満を吐き出すことでスッキリする。それが自己開示のカタルシス効果です』

「なるほど。わかります。思いを吐き出すだけでスッキリする、っていうの」

『吐き出すことでスッキリするのは、人に対する不満や心配事に限りません。自分が仕事ができず、周囲に負担をかけていることを心苦しく思っている。そんな思いが心の中に渦巻いているのは苦痛だし、気分が良くないですよね。でも、それを人に吐き出すことで、スッキリしてしまう。何も改善されていないのに、気分がスッキリしてしまう』

「それじゃ困るじゃないですか」

『困ってしまいますね。だからこそ、そんな自分の状態に気づくように導き、改善へのモチベーションを刺激してあげる必要がありますね』


そこで、具体的な注意事項について、以下のようにアドバイスした。

この事例のように、自分の情けなさをやたら嘆く人の場合、嘆くことで気分をスッキリさせているということがあり得る。自分が仕事ができないという思いや周囲に負担をかけているといった思い、つまり心の中の重荷を抱え続けるのが耐えられないという、いわゆるレジリエンスが低い人の場合、安易な方法で楽になろうとしがちである。つまり、人に嘆くことで手っ取り早く楽になれる。でも、いくら気分が楽になっても、それでは何も改善されない。嘆くことで一時的に気分が楽になっても、自分が仕事ができないという状況は何も改善されていないため、またすぐに気分が滅入ってくる。

大事なのは、仕事のやり方を改善し、できるようになり、周囲に負担をかけるようなことがなくなることによって、本格的に気分を楽にすることである。楽になる方法が間違っているのだ。

まずは、このようなことに気づいてもらうことが必要である。少しずつでいいので、仕事のやり方を身につけていき、できるようになっていく。それによって気分も楽になる。そのような方向に目を向けてもらうように対話をしていく。

そこをわかってもらえたら、自分はなぜ仕事がうまくできないのか、どこがまずいのか、といった自分自身の現状を振り返るように導く。このようなタイプは、自分自身の現状を振り返るという意味でのメタ認知を起動する習慣ができていない。それを起動させる必要がある。

自分自身の現状に問題があることに目を向けるようになったら、どんなことができるようになればいいのか、そのためにはどんなことに注意したらよいのか、といったことを考えるように導く。

メタ認知的コントロールへと一歩を踏み出させるのである。メタ認知的コントロールというのは、自分の現状を振り返るというメタ認知的モニタリングを踏まえて、現状を改善すべく工夫することである。この場合で言えば、自分の問題点を踏まえて、仕事への取り組み姿勢を改善していくことである。

職場の雰囲気が悪いから
やる気になれないという

個を生きる欧米人などと違って、私たち日本人は人との間柄を生きているといった感じがある。仕事をするにも、仕事そのものだけでなく、職場の雰囲気や人間関係がとても気になる。ゆえに、仕事自体には不満はないけれども職場の雰囲気が合わないというようなことも、しばしば起こってくる。

ただし、本人は職場の雰囲気に問題があると思っていても、じつは本人の仕事への取り組み姿勢に問題があるということも珍しくない。メタ認知ができていないため、本人はそこに気づいていないのである。

そのような部下への対応について悩んでいる管理職は、つぎのように事情を語る。

「いつも不満顔を見せることが多い部下が相談があるっていうから、個別面接の時間を取って話を聞いたんです。すると、仕事そのものには別に不満はないけれども、職場の雰囲気が悪いからやる気になれない、って言うんです」

『職場の雰囲気ですか』

「ええ。自分は職場の雰囲気が良ければモチベーションを上げて頑張るタイプなのだけれども、今の職場の雰囲気ではどうしてもモチベーションが上がらず、仕事も適当になってしまう、そんな自分は嫌なので何とかしてほしい、そんなふうに言うんです」

『そうですか。職場の雰囲気がどのように悪いっていうんでしょうか？』

「いちいちうるさいことを言う人がいる、お局様みたいな人がいつもみんなを見張っていて雰囲気を悪くしているとか言うんです。『私がミスをするたびに、そのお局が鬼の首でも取ったかのように指摘してくるんですよ。それも毎日何回もですよ。やってられませんよ』って言うんです」

『お局様みたいな人に見張られ、いちいちうるさいことを言われる、と』

「でも、これまでそんな話は聞いたことがなかったので、他の人たちと個別に面談して、職場に対して思うことがあれば遠慮なく言ってもらうことにしたんですけど、とくに職場の雰囲気が悪いとか、うるさい人がいるというような話は出てきませんでした。むしろ和気藹々とした雰囲気で働きやすいという意見が出るほどで……」

『他の人たちとその相談者では、職場の雰囲気のとらえ方がまるで違ってる、っていうことですね』

「ええ。それで、いったいどういうことなんだろうって思って、とくに信頼できる人物を2人選んで、職場の雰囲気が悪くてやる気になれないという相談があったのだが何か心当たりはないかと、個別に尋ねてみたんです。すると、2人とも、『それってAさんのことじゃないですか?』って言うんです」

『職場の雰囲気に対する不満を持っていそうなのはAさんだと、だれもが思うような、何かがある、っていうことですかね』

「ええ。それで、どういうことなのか説明を求めると、Aさんは仕事の覚えが悪く、それに加えて不注意によるミスが多いため、しょっちゅう注意しないといけない、とくにチューターのBさんがAさんを熱心に指導してるけど、Aさんがあからさまにうるさがってる様子を見せることがある、って言うんです」

『そうすると、Aさんが仕事の覚えが悪い上に不注意なため、しょっちゅう注意される、それがAさんにとっては見張られていていちいちうるさいことを言われるっていう感じで、職場の雰囲気が悪いと思ってしまう、っていうことですか』

「そのようです。それに加えて、仕事上のミスを注意されたとき、他の人は『すみません。これから気をつけます』っていう感じで素直な反応なのに、Aさんは不満げな表情でふて腐れた態度を取るらしいんです。それで注意した側もイラッとくることがあり、実際雰囲気が悪くなることもあるようなんです。結局、Aさんのコミュニケーション力に問題があるように思えてきました」

『そうですか。伺っていると、職場の雰囲気自体の問題というよりも、相談者であるAさんとチューターのBさんをはじめとする周囲の人たちとのコミュニケーションの問題という感じではないか、と』

「私にはそうとしか思えないんですけど、どうなんでしょうか?」

『そうですね。コミュニケーションがうまくいっていないのは事実のようですね。でも、その背後に、Aさんが自分自身の問題を自覚してない、つまりメタ認知が働いてないということがあるように思います』

「メタ認知が働いていない？」

そこで、職場の雰囲気が悪いからやる気になれないというAさんの訴えが孕む問題点について、メタ認知を絡めて、つぎのように解説およびアドバイスを行った。

一般に、コミュニケーションのトラブルは、一方的にどちらかに問題があるというより、相互作用の問題であることが多い。今回のケースでは、もしかしたら職場の雰囲気、とくにAさんを取り巻く職場の雰囲気が悪くなっているのは事実であるかもしれない。しかし、その雰囲気の悪さをもたらす要因として、Aさんのミスの多さや注意されたときの態度があるのではないか。そこが改善されれば、Aさんを取り巻く職場の雰囲気の悪さも改善される可能性が高い。

では、そのためにはどうすべきなのか。

まず第1に必要なのは、Aさんにメタ認知の心の構えを植えつけてあげることである。Aさんにメタ認知の姿勢が欠けていることが雰囲気の悪さをもたらしていると思われる。そのことへの気づきを促すような対話をしていくのがよいだろう。

たとえば、本人の訴えの中に、「私がミスをするたびに、そのお局が鬼の首でも取ったかのように指摘してくるんですよ。それも毎日何回もですよ。やってられませんよ」というのがあった。自分がミスをするたびに鬼の首でも取ったかのように指摘してくるというのは、たしかに気分の良いものではないかもしれない。でも、毎日何度もそういうことがあるということは、毎日何度も仕事でミスをしているということでもある。いくら注意しても毎日何度もミスをする人物がいたら、どんな気持ちになるだろうか。そのような人物をその都度何度も注意しなければならない立場の人は、どんな気持ちになるだろうか。そういったことに想像力を働かせるように促す必要がある。

職場の雰囲気が悪いと感じる場面を振り返るように導くのである。なぜ雰囲気が悪いと感じるのか。なぜ毎日何度も注意されてしまうのか。注意する人がなぜ感じが悪いのか。つまり、メタ認知を働かせて、自分が注意される場面を振り返る、それに加えて相手の立場に立って毎日何度も注意する側の気持ちに想像力を働かせる。

さらには、ミスをして注意された場面で、自分自身がどんな反応をしているかを振り返るように導く。

このようにメタ認知を働かせることによって、自分の感じている職場の雰囲気の悪さの理由として、以下の2点があることに気づいてもらう。

①自分自身のミスが非常に多いこと

②注意されたときの態度が良くないこと

これに気づかず、モチベーションが上がらないのは職場の雰囲気の悪さのせいだと思っている限り、けっしてやる気にはなれないだろう。

だが、自分が感じる職場の雰囲気の悪さをもたらす要因として、自分自身のミスの多さや注意されたときの態度の悪さがあると気づくことができれば、状況改善への一歩を踏み出すことができる。

そうした気づきを前提に、まずはミスを少なくするように気をつける必要がある。それでも、一気にミスがなくなることはないので、万一ミスをした場合は「すみません、これから気をつけます」と謝罪と改善の気持ちを示す必要がある。こうしたことに気づくことができれば、職場の雰囲気の悪さを嘆いていた頃と違って、モチベーションを持って仕事に集中できるようになるはずだ。

いきなり仕事力が高まるわけではないので、相変わらずミスをすることはあったとしても、ミスを少なくしようと頑張っている姿が見えてくれれば、周囲の注意する側の気持ちも和らぎ、Ａさんが感じる職場の雰囲気も好転していくことが期待できる。

そうした方向に導くように、ていねいに対話を重ねていくことが大切となる。

勉強はしているのだが能率が悪い

まじめで勉強熱心だからといって、必ずしも業務に必要な知識を効率的に身につけられるとは限らない。非常に熱心に勉強しているのに、なかなか仕事に必要な資格の取得ができないという人物もいる。

そのような従業員を応援する気持ちが強く、何とか戦力にしてやりたいが、どうしたらよいのか頭を悩ます経営者は、つぎのような葛藤を口にする。

「気になっている従業員がいるんです。うちの従業員の中では珍しく勉強熱心なんですけど、なかなか成果につながらないんです」

『成果につながらない？』

「うちで一人前に仕事をするには資格を取得する必要があるんです。彼女は、とてもまじめで、仕事ができるようになりたいっていう思いも強くて、帰宅後に資格試験の勉強を結構やってるみたいなんですけど、なかなか受からないんです」

『熱心に試験対策の勉強をしてるんですね』

「そうなんです。人柄もいいし、先輩たちも彼女がまじめなのを評価してて、何とか受からせてやりたいと応援してくれて……昼休みに過去問を解説したり、いろいろアドバイスをしてくれてるんですけど……どうもうまくいかなくて」

『先輩たちが応援してくれるほど、人柄的に評価されてるんですね』

「とにかくまじめに仕事に取り組んでるんです。人に対しても誠実ですし。だからこそ残念なんですよね。なかなか資格試験に受からないので、最近は『私、ほんとに頭が悪いんですね。自分でも嫌になっちゃいます』って自嘲気味になったり、『私、この仕事に向いてないのかもしれません』って言ったりするから、ちょっと心配なんです」

『応援してもらってるのに、なかなか資格試験に受からないと、かなり焦りも出てくるでしょうからね』

「彼女のふだんの仕事ぶりを見てると、けっして頭が悪いわけじゃないと思うんです。仕事はどんどん覚えるし、安心して任せられるものもあるし、感心することもあります。頭が悪いというのではなくて、どうも試験が苦手なように思います。そこが何とかならないものかと……」

『仕事はよく覚えるから、けっして頭が悪いわけではなくて、試験が苦手なのではないか、と思っておられる』

「そう思うんです。そう言えば、彼女自身も、自分は高校も大学も推薦で進学してきたから受験勉強はしたことがないって言ってました。そういうことも関係ありますかね？」

『受験勉強をした経験がないんですか。もしかしたら、そのせいで受験勉強のコツを体得できていないかもしれませんね。受験勉強を効果的に進めるためには、メタ認知をフル稼働させる必要があります。それがうまく機能していないのかもしれません』

「そういう話になると、私も受験勉強とかは苦手でしたし、まったくお手上げです。どうしたらいいでしょうか？」

そこで、資格試験のための受験勉強に限らず、勉強を効果的に進めていくために必要なメタ認知的知識について、以下のように基本的なことを例示しながら解説し、本人にそうしたことを教えてあげるようにアドバイスした。

学校時代に成績の良い人はメタ認知を十分に働かせているのに対して、成績の芳しくない人はメタ認知をあまり働かせていない。

それに加えて、概して成績の芳しくない人は、メタ認知的知識が乏しい。

メタ認知的知識というのは、勉強に関して言えば、どうすれば勉強ができるようになるか、どうすれば試験の準備勉強を効果的に進められるか、どうすれば試験で良い点を取れるようになるか、というようなことに関する知識のことである。

メタ認知的知識が欠けていると、学習面でさまざまな支障が生じがちであり、効果的な学習を進めていくことが難しい。ゆえに、メタ認知的知識を豊富に持つことが、どんな学習活動にも大切と言える。

そのような勉強に関係するメタ認知的知識として、つぎのようなものがある。

- これから何を学ぶのかを意識することで理解が進む
- 重要なことがらをきちんと頭に入れるには、覚えられたかどうかを確認しつつ、覚えら

れないことに絞って繰り返す

- 教材を読む際には、ちゃんと理解できているかを自問自答しながら読む
- 教材を読む際には、どこが重要かを意識しながら読む
- 教材の大事なところには線を引く
- 覚えるべき用語は、マーカーで色をつけたり、囲ったりする
- 覚えるべきことがらは、意味を考えたり、具体的なイメージを膨らましたりすると、理解が深まるとともに、記憶に定着しやすい
- 何でも丸暗記で済ませていると、思考が深まらないため、理解の妨げになる
- 重要なところは理解度を意識しながらゆっくり読む
- とくに理解しにくい箇所は、ゆっくり読んだり繰り返し読んだりする
- わかりにくいところは図解してみる
- 学んだ内容を人に説明することで、理解が深まる
- 学んだ内容を人に説明することで、理解不足のところがはっきりつかめる
- 学んだ内容について、質問を作成することで読みが深まり、その結果として理解が深ま

る

- 教材の重要な箇所を要約したり、キーワードを抽出したりすることで、理解が促進されるとともに、読解力も高まる
- 問題集などの問題を解く際は、機械的に解き進めていくのでなく、「何を求められているのか？」「これで間違いないか？」などと、自問自答しながら解いていく
- 頭の中の考えを整理するには、箇条書きにしたり、図解したりしてみるとよい
- 抽象的な概念は、実生活に関連づけて理解するようにする
- 要点のまとめノートを作成することで理解が深まり、成績が向上する
- 苦手なところをはっきりさせておき、試験前に再学習する際に、そこに時間をかけるようにする
- 練習問題をたくさん解くことで、弱点が把握できるし、弱点を克服できる
- 間違った問題を繰り返し解くことで弱点を克服できる
- 問題文が難しい場合は、自分の言葉で言い換えてみる
- 解答は必ず見直すことで不注意による失点を防ぐことができる

勉強をする際の自分のやり方を振り返るという意味でのメタ認知を働かせることは、効果的な学習を進める上で重要なことと言える。まじめに勉強しているのになかなか資格試験を突破できないということの事例の場合、効果的な学習ができていないことが考えられる。

このような学習法についてのメタ認知的知識を頭に刻んでおくことで、同じく勉強するにしても、より有効な学習にしていくことができる。たとえ知的能力で劣っていても、メタ認知的知識を十分に持っていれば問題解決能力が高いというように、メタ認知的知識の有効性を実証した研究もあり、メタ認知的知識を十分に持つことは、学力を高めるための有力な武器になる。

まじめに準備勉強に取り組んでいるのに資格試験になかなか受からないなど、勉強の成果が思うように上がらない人物に対しては、こうしたメタ認知的知識を教えてあげて、それを常に意識して効果的な学習を進めていくように促す必要がある。

この事例の人物に関しても、まじめに勉強をしているわりには成果が出せないことの背景として、勉強への取り組み方に問題がある可能性が高い。そこにメタ認知を働かせて、より効果的な学習活動に改善していくことで、資格試験を突破する可能性が高まっていく。そのためにも箇条書きで示したような学習活動に関するメタ認知的知識を意識するように導きたい。

非常に主観的で判断を誤る

一緒に仕事をしていて頭がいいと思う人物でも、必ずしも安心して仕事を任せられるとは限らない。そのような人物の典型として、客観的に物事をとらえるのが苦手で、つい自分にとって都合の良い情報ばかり取り込んでしまうタイプがいる。概して有能な働き手なだけに、判断の甘さが唯一の弱点だったりする。

そのような部下を抱えて、どうしたらその弱点を克服するように導くことができるかに頭を悩ます経営者は、つぎのような悩みを口にする。

「問題のある部下というわけではないんですけど、有能なだけにどうにかならないかと思う部下がいるんです。仕事はどんどん覚えるし、何をやらせても能率よくこなすので、頭はかなりいいほうだと思うんです。でも、大事なところで判断を誤ることがあって……」

『頭がよくて、有能だけれども、大事なところで判断を誤る、ということですか?』

「はい。それも一度や二度ではないんです。仕事はよくできるし、コミュニケーション力もあるから、安心して仕事を任せるようになったんですけど、そうしたらミスが目立つようになったんです」

『仕事を任せられるようになったら、ミスが目立つようになった。もう少し詳しくお話しいただけますか』

「はい。先輩の指示のもとに動いてるときは、何でもそつなくこなして、非常に有能な働き手だったんです。ところが、これなら大丈夫と思って、本人に単独で仕事を任せるようにしたら、ミスが目立つようになったんです」

『ミスが目立つというのは、具体的にどんなミスですか?』

「判断を誤るんです。資料や情報を読めないわけではないし、それを読めば、どんな点に気をつけなければいけないとか、自分が進めようとしているやり方にはどんなリスクがあるかとか、すぐにわかるはずなのに、気にせず進めちゃうんです」

『うーん、今ひとつイメージがつかめないんですけど……その方の判断のミスというのは、どんな感じなんでしょうか? 何か特徴的なことはありませんか?』

「彼は、有能だし、やる気もあるんですけど、どうも思い込みが激しいところがあるように思います。それが判断ミスを引き起こしてるんじゃないかと」

『思い込みが激しいことが判断ミスにつながっているのではないか、ということですね』

「はい、そう思います。この前も、判断を誤ったまま仕事をどんどん進めてしまったことがあって……それはまずいということを示すデータや情報があったし、以前のように先輩がついていたら方針を変更していたはずなのに、なぜかそのまま進めてしまったんです。データや情報を読めないわけがないのに、どうしてこのまま進めたらまずいということに気づかないのか、それが不思議なんです。なぜ強引に進めちゃうのか」

『このまま進めてはまずいということを示すデータや情報があるのに、なぜか強引に進めてしまう、ということですか』

「はい。周囲で見ている、いわゆる先輩たちに聞いてきたんですけど、『こういう情報もあるからよく検討してみてといって資料を渡したから考え直すと思っていたら、まったく気にせずに突っ走っちゃったんです』って言うんです。『それで再度忠告したら、そういう情報をいちいち気にしてたらきりがないので、って言われちゃいました』って言うんです」

『それはまた強引ですね』

「それで本人に聞いてみたんです。こういうデータや情報があるのになぜ強引に進めたのか、って」

『直接確認してみたんですね。どういう回答だったんですか？』

「いやあ、参りましたよ。『僕は、そういう情報は信じないようにしてるんです。何をするにも自分を信じることが大事だと思うので』って言うんですよ」

『そういう情報は信じない？　自分のやり方や方針にとって都合の悪い情報は信じない、っていうことですかね』

「そう聞こえますよね。だから彼はいつも自信満々なんだなと納得しました。実際に頭もいいと思うんですけど、どうにも強引すぎるんです。そこが何とかならないものかと……」

『自分を信じることはもちろん大事ですけど、自分のやり方や方針を批判的に検討することも大切ですよね。とくにビジネスにおいては』

「そうなんですよ。うっかり判断を誤ると、とんでもない損失につながったり、取引先の信頼を失ったりするので……」

そこで、このようなタイプが陥りがちな確証バイアスについて解説し、メタ認知を働かせるように導くことの必要性についてアドバイスを行った。

判断を誤るというのはだれにでもあることだ。後で振り返るとなぜ気づかなかったのかと不思議に思うような誤判断をしてしまうこともある。そこにはある心理メカニズムが働いているのである。

たとえば、自分が進めようとしている戦略の危うさを示唆するデータが手元にあったのに、それを無視して進めてしまう。何が判断の目を曇らせてしまうのか。

そこに働いているのが確証バイアスである。

私たちは、自分にとって脅威となる情報や不都合な情報には目をつぶり、都合の良い情報ばかりを選択的に取り込む認知傾向を持つ。それを意識していないと、重大な判断ミスをしてしまう恐れがある。このことを絶えず念頭に置いておく必要がある。

たとえば、新車を買おうとしている人が、T社のAにするかH社のBにするかで最後まで迷った末にBに決め、N社のCはパンフレットを見たり実際にショールームに見に行ったりしたものの、すぐに候補から除外したとする。

すると、その人の広告に対する姿勢にある偏りが出てくる。心理学の調査により、そのことが証明されている。購入後には、広告への接し方に大きな偏りが生じるのである。本人は無意識にそうした行動を取るため、その偏りに気づかない。

たとえば、最後まで迷ったAとBの車種については、とくに意識するため、新聞や雑誌に広告があればすぐに気がつく。Cの車種のことはあまり意識しないため、その広告は見過ごしがちになる。

さらに、A、B、Cの広告に気づいたとき、内容を読んだかどうかを調べると、Bの広告はほとんど読み、Cの広告は気づくとそこそこ読むこともあるが、Aの広告はよく気づくわりにはあまり読んでいない。

ここからわかるのは、自分が購入したBの広告は好んで読むのに、迷った末にやめたAの広告を読むことは極力避けようとしている、ということである。そこには、都合の悪い情報は無視して、都合の良い情報にばかり目を向けようとする、情報との接し方の歪みが如実に表れている。

この場合、重要なのは、広告にはその商品のセールスポイントがたくさん並べられているということである。そのため、Bの広告を読むたびに、その車の長所を確認でき、「Bに決めてよかった」と安心できるし、良い気分になる。

一方、Aの広告を読んでしまうと、Aの長所が意識され、「もしかしたらAにした方がよかったのかもしれない」といった不安が脳裏をよぎり、嫌な気分になる。

このように私たちは、自分を気分良くさせてくれる情報、自分の判断を正当化してくれる情報、つまり自分にとって都合の良い情報にばかり目を向け、都合の悪い情報は極力無視しようとする認知のクセを持っているのである。

新車購入後の広告接触行動の偏りの例は、決断後の自己正当化のための認知の歪みといえる。だが、より深刻なのは、今回の事例のように、これから判断しなければならないというときに、都合の良い情報にばかり目を向け、都合の悪い情報を無視してしまうことである。

自分の考えを裏づける証拠となる情報にはよく気づくのに、矛盾する証拠となる情報には目をつぶってしまう。これが確証バイアスである。

たとえば、自分が取ろうとしている戦略が危険であることを知らせてくれるマーケティング・データや財務情報が手元にあるのに、ちゃんと見ることをせず、見たことも忘れてしまう。そして、都合の良い情報ばかりを意識するため、リスクを無視した判断をしたり、明らかな誤判断を下したりしてしまう。

このような誤判断を防ぐには、私たちが自分にとって都合の良い情報にばかり目を向け、都合の悪い情報は見逃してしまう認知のクセを持っているのだということを絶えず意識しておく必要がある。意識することによって、都合の悪い情報も含めて、アクセス可能な情報に万遍なく注意を向ける姿勢を取ることができる。

だれもが確証バイアスに陥ってしまいがちであることを研修等で教え、そのことを踏まえて判断するようにアドバイスすることで判断ミスを減らすことができるはずである。

そのため、自分が確証バイアスに陥っていないかを絶えずモニターしながら仕事を進める必要があることを教えておくことも大切である。確証バイアスについての知識とともに、メタ認知的モニタリングの姿勢を身につけることで、判断ミスは確実に減っていくはずである。

第3章

非認知能力の改善が必要な人

基礎能力はあるのだが、欲がない

仕事はそつなくこなすのだが、それ以上にならない、つまり今イチ成長していかないというタイプがいるものだ。そんな部下を持つ管理職は、期待のまなざしを向けながらも苛立ちを隠せないようだ。

「ちょっと困ったことがありまして……問題のある部下……いや、そんなふうに言うと、ちょっと誤解されてしまうかもしれませんね。とくに問題があるっていうわけではないんですけど……」

『何か気になってしまうことがある？』

「そうなんです。とくに仕事する上で支障があるわけじゃないんですけど、もうちょっと何とかならないかって……」

『なるほど。その、何とかならないか、っていうところをもう少し詳しくお話しいただけますか？』

「はい。彼の仕事ぶりに不満があるわけではないんです。きちんと業務をこなしてくれているし、ミスが多いということもなく、とくに問題はないんです。でも、何ていうか、彼を見てるとイライラしてしまうんです」

『イライラする？　それはどんなときですか？』

「どんなとき？　そうですね……不手際にイライラするとか、配慮が足りないからイライラするというようなことじゃないんです……うーん、どんなときなんだろう……」

『イライラするようになったのは、いつ頃からですか？』

「いつ頃から？　はじめのうちはそんなことはなかったですね。彼が入ってきてちょうど1年になるんですけど……自分の中にイライラを感じるようになったのは、3カ月くらい前からですかね」

『3カ月くらい前ですか。その頃から、彼に何か変化がありませんでしたか？　あるいは、あなたの彼に対する思いに何か変化はありませんでしたか？』

「あの頃、何があったのか……」

『では、もっと前からの流れをたどってみましょうか。彼が入ってきたときからこれまでの流れみたいなものを』

「そうですね。とにかく彼は物覚えがいいんですよ。新人の頃から仕事を覚えるのが早くて、これは有能な若者が入ってきたって安堵したんです。というのも、前年に酷い目に遭ったものですから」

『酷い目に遭われた？』

「ええ。前の年に入ってきた人は、いくらていねいに教えてもなかなか仕事を覚えてくれなくて、ほんとに手を焼いたんです。それでも根気よく指導していたんですけど、ようやく少しは仕事を任せられるかと思ったところで、突然辞めてしまいました。そんなことがあったもんですから、覚えの早い新人が入って来て、ホッとしたんです」

『そうだったんですね。彼はスムーズに仕事を覚えていったんですね』

「そうなんです。入ってきて1カ月くらいでほぼ必要なことは覚えて、戦力として機能するようになりました。……今ふと思ったんですけど、彼に対して感じる不満は、その……何ていうか……欲のなさ？　彼の欲のなさが不満なんじゃないかと……」

『欲のなさ、ですか。もう少し具体的にいうと、どんな感じですか？』

「彼はすぐに仕事を覚えて、安心して任せられるようになったんですけど……そこで止まっちゃってるんですよ」

『止まっちゃってる？』

「はい。言ってみれば、仕事を任せられるような最低限のことを身につけてからは、それ以上に何かができるようになるとか、知識を吸収するといったことがないんです」

『貪欲に追求する姿勢がない？』

「まさにそれです。一人前にできるようになったということで安心してしまって、それ以上に成長していかないんです。……気づいたんですが、私のイライラは期待の裏返しだったみたいです。もっと伸びてもいいと思うのに、今イチ伸びてくれないためにイライラしてしまうんです、きっと」

『それほど彼に期待しているわけですね』

「ええ、彼の能力からしたら、もっと仕事ができるようになっていいと思うんです。もっと知識を仕込めば仕事の仕方をいろいろ工夫することもできるようになるだろうし。貪欲に成長を求める姿勢を身につけてほしいんですけど、どうも欲がないんですよね」

『能力を存分に発揮してほしいのに、本人に欲がないため、成長が止まっちゃってる。そこを何とかできないか、っていうことですね』

「そうなんです。もったいないと思うんです。せっかく力があるのに十分に活かさないのは。そうかといって無理やり課題を与えたりしても、周囲からパワハラみたいに誤解されても困るし……」

『欲がないのを何とかしたいということなら、本人の気持ちを刺激してあげる必要がありそうですね』

「気持ちを刺激する……そうですよね。本人自身の気持ちが変わらないと、いくら私がイライラしても、何も変わらないですね」


ここで動機づけについて簡単に解説し、今後の接し方について話し合った。その概要は、以下のようであった。

潜在的な能力を十分に発揮している人と、十分に発揮できていない人で、決定的に違うのが動機づけ、いわゆるモチベーションである。モチベーションが高い人は、自分にできる限りのことをしようと思い、精一杯頑張る。もっとできるようになりたいという思いが強く、仕事力の向上を貪欲に追求する。一方、モチベーションが低い人は、最低限必要なことを身につけてしまうと、それ以上できるようになりたいとは思わない。そのため、支障がない範囲内で、「このくらいでいいか」と手を抜いてしまいがちである。欲がないというのは、この後者のようなモチベーションの低い心の状態のことをいう。

そこを改善するには、モチベーションを高める必要がある。

モチベーションというのは非認知能力の一種である。非認知能力は、能力の発揮の仕方や開発の仕方を大きく左右する。すでに開花している能力を十分に発揮できるかどうかも、潜在能力を開発できるかどうかも、モチベーションしだいということになる。

では、モチベーションを高めるにはどうしたらよいのか。

モチベーションに影響する要因にはさまざまなものがあるが（拙著『モチベーションの新法則』日経文庫を参照）、この上司と部下の人間関係が非常に良好で、信頼関係が築かれていることから、人間関係的な要因を応用することにした。

アメリカを中心に発展してきたモチベーション理論では、ともすると見過ごされがちだが、日本においては人間関係要因がモチベーションに及ぼす影響は非常に大きい。日米比較研究においても、アメリカ人が自分自身のために頑張るのに対して、日本人は人のために頑張る、つまり人の期待を裏切らないように頑張るといった傾向が強くみられることがわかっている。

親や先生に納得してもらえるように頑張る、あるいは親や先生をガッカリさせないように頑張るというのは、勉強にしろ、部活や習い事にしろ、だれもが子どもの頃に経験したことがあるのではないだろうか。同様に、上司の期待を裏切らないように頑張るというのも、多くの人が経験しているはずだ。

そこで、この悩める管理職には、部下に対して期待の視線を向けるだけでなく、期待していることがはっきり伝わるような言葉がけを意識するようにアドバイスした。

本人自身の中にモチベーションが乏しい場合は、そのように人間関係的な要因を用いてモチベーションを刺激する必要がある。ただし、命令口調だったり、義務的に強いたりすると、「やらされる感」が滲み出てしまい、かえってモチベーションが低下してしまいかねない。刺激の仕方にひと工夫が必要となる。

たとえば、「こういうこともできるようになりたい」というような成長目標を本人自身が設定することがない場合は、「こういうこともできるようになってくれるとありがたい」というように期待を示す形で成長目標を設定するのである。

自ら貪欲に成長を求めるタイプでない場合は、具体的な目標を設定し、それが達成できたらさらに別の目標を設定するといった形で成長を促すのがよいだろう。

このケースでも、期待を示すことで、単に与えられた職務をこなすだけでなく、自ら計画を立てたり、後輩に仕事を教えたりするようになり、そのための必要に迫られて知識の吸収のための勉強も積極的に取り組むようになった。

思うような成果が出ないと落ち込み、やる気をなくす

いつの頃からか「心が折れる」という言葉を耳にするようになった。かつてはそのような言い回しはなかったと思うが、それだけ落ち込みやすい人が増えているということなのだろう。

頑張ったのに思うような成果が出ない場合、だれだって気分は落ち込むはずだ。それは、何も仕事に限らず、学校時代の勉強や部活でも、だれもが経験したことがあるのではないだろうか。だが、その落ち込みが極端な人がいる。

そうした落ち込みやすい従業員の処遇に困っている管理職や経営者も少なくないようだ。そのような極端に落ち込む部下がいるという管理職は、その人物に対する思いをつぎのように語る。

「極端に落ち込む人の話を聞いて、まさに私の部下のことじゃないかって思いました。彼女

は、とてもまじめで、やる気もあって、その仕事ぶりを期待を込めて見ているんですけど、うまくいかなかったときの落ち込みがひどくて、困ってしまうんです」

『何かうまくいかないことがあると、ひどく落ち込む、ということですね』

「はい。ふだんは明るく元気なんですよ。何をするにもすごく前向きで、やる気満々っていう感じで取り組んでくれるから、日常業務をするにはとても良い働き手なんです。でも、たまに目標が問われるような仕事に携わらないといけないことがあって、それがうまくいってるときはいいんですけど、うまくいかないとものすごく落ち込むんです」

『そうですか。まあ、うまくいかないときはだれでも多少は落ち込むものですけど、その落ち込みっていうのは、仕事に支障が出るくらいなんですか？』

「そうですね、支障が出ますね。っていうか、ひどいときは茫然として、心ここにあらずっていうような感じになって、声をかけても上の空みたいな反応で、困ってしまいます」

『うまくいかなかったことのショックでそうなっている、ということですね？』

「状況的に見て、そうとしか思えません。普段はやる気がみなぎっているタイプなのに、何かがうまくいかなかったときにそんなふうになってしまうので」

『普段はやる気がみなぎっているということは、そこまで落ち込んでも、そのうちすっかり回復して前向きになっているわけですよね。回復までにどのくらいかかるんですか？』

「それが結構尾を引くんです。その瞬間だけ落ち込むならまだいいんですけど、ひどい場合は、その週はもうダメでほぼ仕事にならないって感じなんです。ボーッとした感じになったり……そうそう、翌日から何日か休んでしまったこともあります」

『そんなに尾を引くんですか。一時的に落ち込むだけでなく、何日もその影響が出てしまうというんじゃ、仕事に支障がありますね』

「そうなんですよ。困っちゃいますよ」

『たしかに落ち込み方が極端ですね』

「それで困ってるんです。本人もきついと思うんですよ。何とかしてやれないものかと思って……心が弱いんですよね」

『うまくいかなければだれでも一時的には落ち込みますが、ふつうはまもなく立ち直れるのに、なかなか立ち直れない。いわゆるレジリエンスが低いんでしょう。それを高めてあげられればいいんですけど。まずは失敗への望ましい対処法を教えてあげる必要がありそうですね』

「失敗への対処法？　どういうことですか？」

『うまくいかなかったとき、つまり失敗したとき、極端に落ち込むのは、失敗をひたすらネガティブに受け止めるからですよね』

「そうですね、ネガティブに受け止めるから落ち込みすぎちゃう」

『その受け止め方を修正していければ変わるのでは。その方は、失敗の受け止め方のせいで、ひどく落ち込みすぎるという面があるんでしょう。そこを修正できれば、もっとタフな心になっていくことが期待できると思います』

「ちょっとイメージが湧かないんですけど、具体的にどうしたらいいんでしょうか？」


そこで、まずはレジリエンスについて解説してから、失敗の受け止め方をポジティブな方向に修正するにはどうしたらよいかについてのアドバイスを行った。

仕事生活にストレスはつきものだが、ストレスに強い人と弱い人がいる。ストレスに強い人は概して厳しい状況を乗り越えた経験があるものだが、今の若い人たちは、ほめて育てるといった風潮の中で過保護に育てられてきたため、中高年世代と違って厳しさにさらされずに大人になっている。いわば、過酷なストレスをあまり経験せずに育っているため、ストレスに弱い、傷つきやすく打たれ弱いということがあるのだろう。

それによってストレスの問題が深刻化していることで注目されているのが、レジリエンスという性格特性である。レジリエンスは、復元力と訳される。

もともとは物理学用語で弾力を意味するが、心理学では「回復力」とか「立ち直る力」を指す。つまり、ビジネスの世界で使われるレジリエンスとは、ひとことで言えば「回復力」「立ち直る力」ということになる。

どうしたら打開できるかわからないような困難な状況に置かれれば、だれでもストレスを感じる。「どうしたらいいんだろう」と思い悩み、「もうダメだ、どうにもならない」と絶望的な気持ちになることもあるかもしれない。

そこで問われるのがレジリエンスだ。困難な状況にあっても、心が折れずに適応していく力。挫折して落ち込むことがあっても、そこから回復し、立ち直る力。辛い状況でも、諦めずに頑張り続けられる力。それがレジリエンスである。

さまざまな定義を総合すると、レジリエンスとは、強いストレス状況下に置かれても健康状態を維持できる性質、ストレスの悪影響を緩和できる性質、一時的にネガティブ・ライフイベントの影響を受けてもすぐに回復し立ち直れる性質のことであるといってよいだろう。

このようなレジリエンスが欠けていると、困難な状況を耐え抜くことができない。そのようなときに口にするのが、「心が折れた」というセリフだ。レジリエンスの高い人は、どうにもならない厳しい状況に置かれ、気分が落ち込むことがあっても、心が折れるということはなく、まもなく立ち直っていく。

もともとレジリエンスの研究は、逆境に強い人と弱い人の違いはどこにあるのかという疑問に端を発している。これまでの諸研究をもとに、レジリエンスの高い人の特徴をつぎのように整理することができる。

①自分を信じて諦めない
②辛い時期を乗り越えれば、必ず良い時期が来ると思うことができる
③感情に溺れず、自分の置かれた状況を冷静に眺められる

④困難に立ち向かう意欲がある
⑤失敗して落ち込むよりも、失敗を今後に活かそうと考える
⑥日々の生活に意味を感じることができる
⑦未熟ながらも頑張っている自分を受け入れている
⑧他人を信じ、信頼関係を築ける

レジリエンスを高めるには、このような心理傾向を身につけるように導くことが大切となるが、そのような根本的な対処には時間がかかる。そこで、まずは手っ取り早い対症療法として、失敗の受け止め方を改善するという方法がある。

物事の受け止め方のことを心理学では認知的評価という。

たとえば、仕事で目標を達成できなかったとき、「ダメだなあ、こんなんじゃ将来はないな」「きっとこの仕事は向いてないんだ」などと悲観的に受け止める人は、ネガティブな認知的評価がクセになっているのである。ポジティブな認知的評価の習慣が身についている人なら、「もっと工夫して、つぎは目標を達成しないと」というように前向きに受け止めることができる。

上司から叱られて、「自分はなんてダメな人間なんだ」「こんな失敗をしてたら見捨てられちゃう」などと思ってひどく落ち込む人は、ネガティブな認知的評価のクセを持つ人である。ポジティブな認知的評価の習慣が身についている人なら、「同じ失敗をしないように気をつけなくちゃ」「失敗は成功の母というじゃないか。これでつぎからはもっとうまくできそうだ」などと前向きに受け止めるため、モチベーションを維持することができる。

このように、思うような成果が出なかったり、ミスをしたりすると、ひどく落ち込み、やる気をなくすタイプの人物には、レジリエンスを高めるように働きかける必要があり、そのための第一歩としてネガティブな結果をポジティブに受け止める心の習慣を身につけるように導くことが必要と言える。

すぐ感情的になり揉め事が多い

仕事中は常に冷静さを失わないことが大切なのだが、ちょっとしたことですぐに心を乱され、感情的になる人がいる。このような人物は、顧客相手でも、仕事仲間相手でも、トラブルメーカーになりがちである。これではいくら仕事そのものの能力が高くても、評価は低くならざるを得ない。

人から嫌な態度を取られたり、嫌なことを言われたりすれば、だれでも気分を害するものである。だが、大人ならそれを表情に表したりせず、グッとこらえて、自分の感情をコントロールできるのがふつうだ。しかし、それができない人もいる。

そのようなタイプの従業員を抱える経営者は、その人物がトラブルを起こすたびに仲裁したり謝罪したりと奔走することになる。日々そうしたトラブルに巻き込まれている経営者は、つぎのように悩みを打ち明ける。

「彼は非常に有能なんですけど、喧嘩っ早いというか、直情型っていうのか、すぐにエキサイトするので、困っちゃうんです」

『すぐにエキサイトする?』

「ええ。何か挑発的なことを言われると、もう聞き流せないんですね。それで口論みたいになって、職場に緊張感が走るんです」

『そんなにしょっちゅう挑発的なことを言う人がいるんですか?』

「彼は頭が良くて仕事ができるから……まあ、妬みがあるんでしょう。彼は何をやらせてもそつなくこなすものだから、ライバル視する連中が嫌味を言ったりするじゃないですか」

『仕事がとくにできる人物に対するやっかみっていうのは、どんな職場にもありがちですね』

「ですよね。そんなものはやり過ごせばいいのに、彼はいちいち反応して、ややこしいことになっちゃうんです」

『いちいち反発して、何か言い返したりしてしまうんですね』

「そうなんです。それで一時的に気まずい空気になるだけならまだいいんですけど、それが尾を引いて、仕事上必要な情報をお互いに回さなかったり、必要な連携が取れなかったりして、業務上支障が出ることがあって、困っちゃうんです」

『それは困りますね』

「彼にはいちいち反応しないように、君があまりに有能だから妬まれて嫌味を言われるんだから、勲章と思えばいいだろう、とか言い聞かせてるんですけど、すぐにまた反応してしまうんです。その都度アドバイスをして、反応しないように言い聞かせてるんですが、まったく効果がなくて、途方にくれます」

『それはさぞお困りでしょうけど、その方の気持ちもわかりますね。反応するなと言われても、嫌なことを言う方が悪いんだから仕方ないだろうっていう思いがあるでしょうし、なんで自分だけ我慢しなきゃいけないんだって思ってしまうんでしょう』

「まあ、そう言われればその通りですね。言う方も言う方なので、そっちも注意してるんですけど、あまりきつく注意するとよけいややこしくなってもいけないから、彼が反応しないのが一番だと思って……」

『その判断は正しいと思いますよ。嫌味を言う側を注意しても、妬む気持ちがなくなるわけではないので、あまりきつく注意すると、かえって逆効果になりかねません』

「逆効果というと?」

『攻撃的な気持ちが刺激され、上司に見つからないように陰で嫌らしいことをするとか、妬み感情が屈折した形で噴出するのも厄介なので、その方が、自分の感情をコントロールできるように導くのがいいとは思います』

「そうですか。でも、どうしたらいいんですかね。反応するなといくら言っても反応しちゃうんで……それと、顧客にも態度の悪い人もいて、そういう相手にもときどき感情的に反応して、ややこしいトラブルになることもあるんで、ほんとに困るんです」

『反応しないように言うだけでなく、なぜ反応しない方が本人にとってもいいのかが心から納得できるような説明をしてあげて、本人の中で理屈で自分の感情をコントロールできる構図をつくってあげるのがいいと思います』

そこで、感情コントロールについての解説と具体的なアドバイスを行った。

まずは、相手が嫌味な態度を取ったり嫌なことを言ったとしても、それに怒りで反応すると、さまざまな点で自分が損をするという自覚を促すことが必要である。たとえば、つぎのような損失が生じやすい。

①人間関係が悪化する

たとえば、職場の人間関係が気まずい感じになったり、取引先との関係が途絶えたりといったことも起こり得る。

②冷静な判断ができなくなる

感情的になると視野が狭まり、ネガティブな視点からしか物事をとらえられなくなり、事態はますます悪化しがちで、冷静な判断ができないために仕事上のミスも生じがちになる。

③評価を下げる

感情的になっている人は自分の姿をモニターする冷静さを失っているため、周囲の人の目にどう映っているかを想像できない。そのため見苦しい姿をさらしてしまい、未熟さが露呈し、自分の評価を下げてしまう。

④モチベーションが低下する

言い返すなど怒りを爆発させたときは、瞬間的にスッキリするものの、その後に後悔の念に駆られ、「またやっちゃった」というように自己嫌悪に陥りやすい。そうなるとモチベーションも低下してしまう。

⑤心の健康が損なわれる

怒鳴ったり、文句を言ったりして、イライラや怒り感情を発散すると、気まずさや後味の悪さが残り、ネガティブな気分になり、心の健康が損なわれがちである。

このように感情を爆発させることには多くのデメリットがあるので、感情をうまくコントロールすることが大切である。

このようなことを理解してもらったら、つぎに感情コントロールのコツを教える。感情コントロールのコツとして、つぎのようなものがある。

①ひと呼吸置く

イラっときたり、ムカついたりして、自分の中に怒りの衝動が込み上げてくるのを感じたら、とにかくひと呼吸置く。それによって、衝動の流れを断ち切り、衝動的反応を防ぐことができる。時が経ってみると、あんなことで怒りを爆発さえなくてよかったと思うことが多いものである。

②怒りを鎮めるセルフトーク

セルフトークとは、自分の中でつぶやく言葉のことである。「なんてヤツだ、許せない」「もう我慢できない」などといった言葉をつぶやくと、ムカムカしてきて怒りを爆発させてしまう。そんなときは「たいしたことじゃない」「大丈夫、落ち着こう」「こんな人もいるんだな」「なんか見苦しいな」というような言葉を心の中でつぶやけば、怒りの衝動をうまく鎮めることができ、同じ土俵で争わずに済む。

③相手の視点に立ってみる

嫌な態度や言い方をする相手の視点に想像力を働かせることで、「こっちに比べて自分が成果を出せていないからムカつくのかもな」「こっちのほうがうまくできるから悔しいのかも。きっと負けず嫌いな性格なんだろうな」というように思えてきて、怒り衝動も鎮まってくる。

④ある意味で「上から目線」に立ってみる

嫌な態度を取る相手でも、職場の仲間だったり、取引先の担当者だったりすれば、日常的にかかわらないわけにはいかない。絶えずかかわりがある相手の場合、何か言われるたびにいちいち対処する余裕をなくしがちである。そんなときは、その相手に対して最初から「上から目線」に立っておくのも有効である。「弱い犬ほど良く吠えるって言うけど、あの人はよほど自信がないんだな。それで、つい嫌味を言ってしまうんだな」「こっちは自慢するつもりもないし、見下すつもりもないんだけど、見下される不安が強いのかもな。バカにされたくなくて、こっちを牽制するようなことを言っちゃうのかも」などと思えば、寛大な気持ちで接することができるだろう。

このような教育的働きかけによって感情コントロールができるようになれば、職場のトラブルも取引先とのトラブルもなくなっていくはずである。

評価してもらえないとすぐヤケになる

ほめて育てられた若者が多くなったことにより、逆境に弱い若者が目立つようになった。そうした若者にみられがちな特徴として、甘えの強さと感情コントロールの低さがある。今多くの職場で、そのような従業員への対応に頭を悩ます管理職が非常に多くなっている。

ある管理職は、つぎのような悩みを口にする。

「最近の若い人は、私なんかの時代と違ってほめて育てられているから、うっかり厳しいことを言っちゃいけないって言いますよね」

『そうですね。親も学校の先生も厳しく育てるということがしにくくなってて、厳しいことを言われる機会が少なかったから、厳しいことを言われると傷ついてしまう、っていうことでしょうね』

「そうそう、傷つきやすい世代なんだって言いますよね。だから、私たちも、以前のように厳しく鍛えるっていうのは、もう時代遅れだからやめようっていうことになって、できるだけほめるようにとは心がけているんです」

『多くの職場がそんな感じになってますよね』

「そうでしょう。でも、仕事で成果を出したり、人一倍頑張ったりしたなら、自然にほめることもできますけど、目標をかなり下回ったり、ミスが目立ったりするのに、無理やりほめるのって、なんかおかしいじゃないですか」

『まあ、たとえ目標達成とかの成果につながらなくても、かなり努力したのがわかれば、ほめてあげることも大事だとは思いますけど、そうでないのに無理やりほめるのもわざとらしくなってしまいますね』

「そうですよね。もちろん有能な子はほめるし、そうでなくてもとくに頑張ったときはほめてますけど、仕事上ほめるべきことが見当たらないのにほめたりできないですよね。それは仕方ないって思うんですけど、それでどうも私たち上司に不満を持つ子がいるらしいんです」

『ほめてくれないから不満を持つ、っていうことですか？　それは、どうしてわかったのですか？』

「あからさまにふて腐れた態度を取ったりする子もいるんです。面と向かって文句を言うわけじゃないんですけど、仕事を頼んでもダラダラしてたり、これまでよりペースダウンしたやり方だったりして、やる気のなさが明らかに伝わってくるんです」

『それはほめてくれないからだということなんですか？　そもそも、どうしてそんなことになったんですかね』

「それがよくわからないんです。だけど、やる気を出してもらわないといけないし……どうしたらいいんですか？」

『いったいどんな不満を持っているんですかね』

「本人ははっきり言わないんですけど、仲間内で飲みに行ったときとかに、こんなに頑張ってるのに評価してもらえないんだからやってられない、っていうようなことを言ってるらしいんです」

『こんなに頑張ってるのに評価してもらえない、といった不満を口にしてると』

「どうも、そうらしいんです。だけど、いくら本人が頑張ったって言ったって、それで成果が出ていないなら、評価されなくて当たり前じゃないですか。成果が出ていないのに、それでも頑張ったんだから評価してくれなんて、ちょっと甘えてませんか？」

『そうですね。経営・管理側からすれば、それは甘えてるということになるかもしれませんね。でも、モチベーションというのは気持ちの問題なので、客観的な数字とかは別にして、気持ちのケアも必要かもしれませんね』

「っていうことは、成果が出ていなくても、本人が頑張ってるって思っていたら評価すべきだって言うんですか？」

『そのようなタイプは、まさにほめて育てられた人に多いと思います。常にほめられ、ほめられることでやる気になっていた。ということは、逆に言えば、ほめてもらえないとやる気になれない』

「たしかに、自分たちはほめられて育った世代だからほめられないとやる気が出ないし落ち込むって言ってましたね」

『ほめられればだれだって気分がいいし、ほめられて育つと、たえずポジティブな気分にしてもらえるため、ネガティブな気分をもち堪えることができにくくなってしまうんですね。だから成果を出せなかったり、ミスが多かったりしたときの、非常にネガティブな気分が耐えがたい』

「それはわかる気がします」

『評価してもらえることがほめられることだと考えれば、何らかの形で評価してもらえたら、やる気も出るのでは』

「だけど、成果につながってないんですよ。それでも評価するんですか？」

『評価と言っても種類があります。評価というと、成果、つまり結果の評価をイメージしがちですけど、仕事の取り組み姿勢の評価というのもあります。結果の評価に対して、プロセスの評価というのもあるわけです』

「プロセスの評価？」

『学校教育の現場でも、以前は学力試験の成績のような成果の評価が中心だったんですけど、今は取り組み姿勢とかのプロセスの評価も取り入れるようになっているんです。そういう風土で育った人たちの中には、成果が出せなくてもプロセス評価によってモチベーションを保っていた人もいると思うんですよね』

「なるほど、何となくわかる気もするんですけど……でも、それじゃ、どうすればいいんですか？」

『心理的報酬という概念があるんですけど、昇給や昇進といった金銭報酬や地位報酬で報いるのはなかなか難しくても、頑張ってるのはわかってるということを言葉で伝えることで心理的報酬を与えることができます』

「心理的報酬ですか」

『頑張ってるねとか、今回は成果につながらなかったけどその頑張りを続けてればきっとうまくいくよというような言葉をかけられると、評価してもらえた、頑張ってるのをわかってくれてる、と感じることができて、前向きの気持ちになれるでしょう』

「なるほどねえ。そういう意味での評価ならしてあげられそうです」

『ほめられて育った人たちは、周囲からほめてほしい、評価してほしいっていう気持ちが強いものですよね。そうした思いが根底にあるため、自分は頑張ったと思うと、きっとほめてもらえるはず、評価してもらえるはずといった期待を持ってしまいがちなんです』

「わかります」

『ところが、その期待が裏切られると、おっしゃるようにふて腐れた態度に出たりします。

それは甘えだと言えばそうなんですけど、モチベーションを維持してもらうには、その甘えによる期待に多少は応えてあげることも必要かと思います』

そこで、ほめられて育った人にみられがちな甘えと期待が裏切られたときの反応について解説し、期待に応えてあげるためのアドバイスを行った。

ほめられて育った人には、頑張ったんだからほめてもらえるはず、評価してもらえるはずといった期待が強い。それは、ほめられずに厳しく育てられた世代の人からすれば、甘ったれてるという感じに見えるでしょうけど、そういう環境で育ったわけなので、今さら生い立ちを変えるわけにはいかない。

甘え理論の提唱者である精神医学者土居健朗によれば、甘えたい気持ちがそのままに受け入れられないとき、「すねる」「ひがむ」「ひねくれる」「恨む」といった心理が生じ、そこに被害者意識が含まれる。

つまり、甘えを受け入れてくれないから「すねる」わけだが、すねながら甘えているとも言える。その結果として、「ふて腐れる」「やけくそになる」というようなことになる。仕事中のふて腐れた態度というのも、期待通りに評価してもらえないところからくる。

自分が不当な扱いを受けたと曲解するとき「ひがむ」わけだが、それは自分の甘えの当てが外れたことによる。こんなに頑張ってるのに評価してくれないということでひがむわけだ。甘えないで相手に背を向けるのが「ひねくれる」だが、それは自分の甘えの期待に応えてくれなかったと感じることによる。どうせ評価してもらえないということでひねくれた態度を取ることになる。

甘えが拒絶されたということで相手に敵意を向けるのが「恨む」である。厳しい上司に対する攻撃的感情は、甘えを受け入れてくれないと思うことによるものと言える。

このように甘えが思うように通じないとき、すねたりひがんだりひねくれたり恨んだりするわけだが、そこには被害感情がある。モチベーションを維持してもらうには、対話の個所で触れたように、頑張りを認めるような言葉がけによって、甘えによる期待に応えてやり、被害感情の発生を防ぐことが大切となる。

注意されるとすぐに反発する

ほめられて育った人が増えるにしたがって、ほめられるのが当たり前といった感じになり、ネガティブな状況に耐えられない心理傾向が広まっている。前項では、ほめてもらえるはず、評価してもらえるはずといった期待が裏切られたときに生じがちな甘え型攻撃性によるふて腐れた態度などについて解説した。

ほめられて育った人たちにみられがちなもうひとつの特徴として、注意されると反発する心理傾向がある。絶えずほめられてきた人は、ポジティブな気分にしてもらえるのが当たり前という感受性を持つ。そのため、叱られたり注意されたりしたときのネガティブな気分が耐えがたいものとなる。

そんな時代ゆえに、多くの職場では極力ほめるようにしており、厳しいことは言わないようにといった対応が取られている。しかし、仕事に慣れない人物を一人前の戦力に鍛え上げていくには、ときに注意することも必要になる。それで注意すると、あたかも自分を全否定されたかのように感情的な反発を示す者もいる。

そのような心理傾向を持つ若手に手を焼く経営者や管理職も、今では珍しくない。ある経営者は、その戸惑いについて、つぎのように語る。

「若い人たちに対しては、厳しいことは言わないようにと従業員たちには言ってあるんです。でも、人によっては、そんなのは納得がいかない、厳しいことを言われて自分たちは仕事が一人前にできるようになったんだっていう人もいるんですよ」

『そう言いたくなる気持ちもわかりますよね』

「私自身、そういう気持ちもあります。なんでこんなに弱くなっちゃったんですか。私たちが若かった頃は、先輩や上司から厳しいことを言われるのは当たり前だったし、それで鍛えられたと思うんですけど」

『そうですね。時代が大きく変わってしまいました。厳しく育てられた上の世代との感受性のギャップがさまざまなトラブルを生んでいるといった感じがありますね』

「他の会社でもトラブルが多いと聞きますけど、うちの職場でも、上司がちょっと注意しただけで、傷ついたとかパワハラだとか文句を言うんで、どうしたらいいのか困ってるんです」

『育ち方が違えば感受性も違ってきますよね。私たちの世代のように、厳しさの中で鍛えられて育った者にとっては、ちょっと厳しいかなといった程度の言葉でも、叱られずにほめられるばかりの甘い環境で育った今どきの人には、とんでもなく厳しい言葉のように感じられる、っていうことがあるんじゃないでしょうか』

「なるほど。言われてみれば、そうかもしれません。でも、それじゃ一切注意できなくなっちゃうじゃないですか。もともとできる人はそれでいいですけど、なかなかできない人は注意してやらないとできるようにならないでしょ」

『仕事ができるように育てるには、注意も必要ですよね』

「そうでしょ。それなのに、やり方が間違ってるって注意されると、まるで自分を全否定されたかのように真っ赤になって反発するのもいるんです。でも、間違ってるのをそのままにするわけにもいかないから、注意するしかない。注意っていうより教えてあげてるのに、反発されるんじゃ、やってられないって教える側が腹を立てて私に文句を言いに来るんですけど、そっちの気持ちがよくわかります」

『それはそうですね。このような時代に鍛えてあげる側は大変だと思います。でも、注意すると傷ついたとかパワハラだとか、みんなが言うわけではないのでは。厳しく注意されても、別に文句も言わず、注意されたことを糧にしてできるようになっていく人もいるんじゃないですか？』

「もちろんいますよ。そういう若手には安心して指導できるんですけどね……だけど、いわば弱な若手には腫れ物に触るような対応でいくしかなくて、鍛えてやれないから、できるように育ててやれないし、本人も損だと思うんですよ」

『そうですね。鍛えてもらえず、腫れ物に触るような扱いになるのは、本人にとって大きな損失でしょう。そこは何とか鍛えてあげないと可哀想ですね』

「じゃ、どうしたらいいんですか？」

『そのような人の場合、ほめて育てられること、つまり絶えずポジティブな気分にさせてもらうことによって、ネガティブな気分をうまくコントロールすることができなくなっているんでしょう。そこに気づいてもらい、非認知能力のひとつである感情コントロール力を高める必要があると思います』

「感情コントロール力を高める？」

『注意されると嫌な気持ちになる。それでつい反発してしまう。でも、そんなふうに感情に流されていては成長できませんよね』

「そこなんですよ」

『だから感情をうまくコントロールする必要がある。それができれば、注意されたことを糧にして成長していける。感情をコントロールできるようになれば、停滞路線から成長路線に移行できるでしょう』

そこで、叱られたり注意されたりしたときのネガティブな感情のコントロールの仕方について解説した。

まずは、第2章でメタ認知について解説したが、今の自分が仕事がうまくできていなかったり、間違ったやり方をしていたりするため、注意されたのだということへの気づきを促すべく、自分の現状を振り返るように導く対話が大事である。

注意されれば気分が落ちるし、自分がうまくできていなかったり、間違ったやり方をしていたりする現実を直視するのは気分の良いものではない。しかし、感情に流され、そこから目を背けていては改善も成長も望めない。それに気づいてもらう必要がある。

つぎに、注意されることは自己改善のきっかけになることを教えることがとても大事である。

注意する上司や先輩は、意地悪で言ってるわけではなく、改善すべき点があるから注意するのである。いつまでもできない人物でいればいい、だから改善しなくていいと思っていたら、気まずい感じになるのも厭わずにわざわざ注意などしないだろう。

今のままではできる人間になっていかないが、注意された点を改善することで、仕事力が高まり、できない自分から脱し、できる自分へと変身することができる。注意は成長の契機となる。そうであれば、注意してもらえるのはありがたいことなのである。

こうしたことに気づかせるような対話をしていくことが大切である。

さらには、注意されると自分を全否定されたかのように反発するのは、仕事のやり方と自分を区別しないことによるのだということに気づいてもらう必要がある。

そこで大事なのは、行為と自分を切り離してとらえることである。

だれかに仕事のやり方が違うと注意されたとして、それは自分が否定されたのではなく、やり方が否定されただけである。能率の悪いやり方を注意された場合も、それはやり方が否定されただけであって、自分が否定されたわけではない。注意されたやり方を変えれば、うまくできるようになったり、能率よくこなせるようになったりする。それは自分の成長につながる。そのことに気づかせるような対話をしていくことが大切となる。

注意に反発するだけでなく、アドバイスにさえ反発する人もいる。行為と自分を切り離すことができていないと、親切なアドバイスにさえ反発することになりかねない。

たとえば、「こういうふうにやった方が能率がいいですよ」というアドバイスは、今自分がしているやり方は能率が悪いということを示唆しているわけである。その場合、行為と自分を切り離している人なら、「それはありがたい」と思い、アドバイスしてもらったやり方を早速取り入れるだろうが、行為と自分を切り離すことができていない人は、自分を否定されたように感じてしまう。そのため、感情的に反発し、素直にアドバイスに従って能率の良いやり方を取ろうとしない。それでは困る。だからこそ、行為と自分を切り離してとらえる必要があるのである。

このような気づきを促す対話をしていくことで、注意されてもいちいち反発せずに、注意されたことを糧にして成長していけるようになることが期待できる。

コミュ力が高いと思ったが、気持ちの交流ができない

インターネットやSNSの世界にどっぷり浸かり、生の人間関係の世界で過ごす時間が少なくなっているせいか、人とのコミュニケーションが苦手という人が増えている。将来の職業を考える際にも、できるだけ人とのかかわりの少ない仕事に就きたいという人や、人とかかわるような仕事は無理という人さえ珍しくない。企業などでも、採用した新人があまりにもコミュニケーションが苦手なので困ってしまうといったケースもみられる。

そんな時代ゆえに、企業などが採用時に最も重視するのがコミュニケーション力ということになってきた。ところが、コミュニケーション力を重視して採用したはずなのに、職務上のコミュニケーションがうまくできないことに手を焼く管理職も珍しくない。

ひとつの典型的なケースは、雑談などのコミュニケーション力はあるものの、論理能力が乏しいため、仕事そのもので行き詰まるといったものである。これは認知能力の問題なの

で、すでに第1章の各項で取り上げている。

もうひとつの典型的なケースは、慣れない場でも、慣れない相手でも、臆することなく平気でしゃべれる、いわゆる社交性が高いのだが、人と気持ちの交流ができないというものである。このタイプの従業員を採用して困惑している経営者は、つぎのように悩む胸の内を吐露する。

「ビジネスを進める上でコミュニケーション力は必須なのに、コミュニケーションが苦手な人物を採用したらまずいので、とにかくコミュ力重視ということで採用したんです」

『多くの企業がコミュニケーション力重視で採用していますよね』

「はい。それでうちもコミュ力重視で採用して、先輩たちや上司の前でもガチガチに緊張するようなこともないし、冗談を言って周囲を笑わせたりするので、コミュ力の高い人物を採用してよかったと思っていたんです。ところが、営業で取引先を回るようになると、どうもパッとしないんです」

『パッとしない？　どういう感じなんですか？』

「先方からなかなか注文が取れない。これまでコミュ力の低い人物が担当していたときの方がよかったくらいです。そのうち先方から担当者を代えてくれ、前の人はいないのか、っていう連絡が来て、困ってるところです」

『担当を代えてほしいという要望の理由は何だったんでしょう』

「私もそれが気になって、先方に出向いて話を聞いてきました。向こうが言うには、彼は非常に社交的でよくしゃべるし、面白いことも言うけれども、話していて疲れるし、こっちの求めているものを汲み取ってくれないと。そして、気持ちのふれあいがなく、あんな感じでは信頼関係が築けないとまで言われました」

『よくしゃべるし、面白いことも言うけど、気持ちのふれあいがなく、疲れる、ということですね。その方は、相手の反応に関係なしに一方的にしゃべりまくるようなところはないですか？』

「あ、まさにそんな感じです。そう言われてみると、私も彼と話してると、こっちの言いたいことを言うタイミングが取れなくてイライラすることがあります」

『やっぱりそうですか。その場を盛り上げるような面白おかしいしゃべりができる人物をコミュニケーション力が高いとみなす風潮がありますけど、ほんとうのコミュニケーション力には傾聴力も含まれます。一方的にしゃべりまくるようだと、相互性がないので、コミュニケーションがうまくいっていることにはなりません』

「なるほど。相互性ですか。傾聴力……」

『その方と話していてイライラするというのも、よくしゃべるけれどもこっちの話を傾聴してくれない、こっちの気持ちを汲み取ろうとしてくれないからなのでは。良いコミュニケーションというのは、ただ一方的にしゃべるのではなく、相手の思いを引き出すような、そしてそれを受け止めるようなものでしょう』

「相手の思いを引き出し、それを受け止める……」

『面白い話で笑いを取ったりできても、相手の気持ちがスッキリするような対話ができないなら、コミュニケーション力が高いことにはならないのではないでしょうか』

「なるほど……よくしゃべるし、笑いを取る能力が高いから、コミュ力が高いと思ってたんですけど、たしかに人の話をちゃんと聞かないところがあるから、相手をイライラさせちゃうのかもしれません。そう考えると、取引先の人の言い分がわかるような気がします。それじゃ、コミュニケーション力が高いことにはならないですね」

『お話を伺っていると、どうもそのようですね』

「そうすると、彼のコミュニケーション力を向上させるには、どうしたらいいでしょうか?」

『気持ちがふれ合い、相手の気持ちをスッキリさせるために大切なのは、相手に言いたいことを十分話してもらうことです。そのためには良い聞き手になることが大切となります。一方的にしゃべりまくるようでは、相手は言いたいことも言えず、イライラするでしょう』

「まさに先方の言ってきたことですね」

『とにかく良い聞き手になって、相手に思う存分しゃべらせる。それが良質のコミュニケーション力の高さなのではないでしょうか』


そこで、ほんとうのコミュニケーション力について、さらにはコミュニケーション力を高めるためのコツについて、つぎのような解説をした。

コミュニケーション力を高めるというと、聞き上手より話し上手になることをイメージする人が多い。だが、ビジネスで必要なコミュニケーション力としては、話し上手より聞き上手のコツを身につける方がはるかに重要となる。なぜなら、聞き上手な人の方が相手に大きな満足を与えることができるからである。

話し上手な人は、その場を盛り上げたりして人を楽しませることができるものの、どちらかと言えば自分自身がしゃべることでスッキリする感じがある。その分、相手をストレスフルな状態にしてしまうことがある。たとえば、しゃべりが得意だと自認する人は、ときに一方的にしゃべりすぎて、相手をうんざりさせたり、イライラさせたりすることがある。今回の事例でも、取引先の人はそのような心理状態に追い込まれているのではないか。

それに対して、聞き上手な人は、相手の話にじっくり耳を傾けることで、相手の気持ちをスッキリさせることができる。ゆえに、聞き上手な人の方が、相手にとって報酬価の高い存在と言える。口べたな人が意外に好感を与えたりするのも、自分がしゃべりに自信がない分、聞き役に徹するため、相手は気持ちよくしゃべることができるからである。

このように、また話したいと思える相手、一緒にいてホッとできる相手というのは、話し上手な人よりも聞き上手な人であることが多い。したがって、コミュニケーション力を高めたいなら、話し上手を目ざすよりも、聞き上手を中心とした対話上手を目指すべきであろう。

ブログやツイッター（現X）の流行にみられるように、自分の思いを発信したいといった欲求を持つ人が非常に多い時代である。みんな聞いてほしいのだ。自分の言うことに耳を傾けてほしいのだ。それだけ聞き手に飢えている。カウンセリングが流行ってきたのも、じっくりと耳を傾けてくれる相手が身近にいないからといえる。

そんな時代だからこそ、聞き上手の価値は大きい。相手にとって報酬価の大きい存在になれれば、職場の人間関係も良くなるだろうし、ビジネスの交渉もうまくいきやすい。

聞き上手を中心とした対話上手な人の特徴は、つぎのように整理することができる。

- 相手の話を真剣に聞く
- 一方的にしゃべらない
- 自分のことばかり話さない
- 相手に関心を持つ
- 押しつけがましいことは言わない
- 相手の気持ちに共感する
- 相手が話しにくいことはしつこく聞かない
- 適度に話を切り上げることができる

このようなポイントを意識しながら気持ちの交流を心がけるように指導することで、対話力を中心としたコミュニケーション力を高めることができるはずである。

この事例であれば、それによって取引先担当者の気持ちがスッキリして、気持ちのふれ合いが生じるだけでなく、先方の思いを十分引き出すことで、何を求めているのか、何が気になっているのかがわかり、それを踏まえた提案を工夫することもできるだろう。

仕事そのものの能力は高いが、人と接するのが苦手

子ども時代に近所の遊び集団で鍛えられ、年上・同年・年下の子どもたちとのかかわり方を体得してきた年配者と違って、同級生としか遊ばず、塾や習い事で仲間との遊び時間も少なく、またゲームなど室内でひとりで遊べる道具も普及したせいか、人とのかかわりに困難を感じる人が増えてきた。

もともと私たち日本人には、人に気をつかいすぎて疲れてしまう心理傾向があるが、そうした心理を顕著に身につけているため、人づきあいを極力避けてきた人もいる。そのような従業員を抱える経営者は、その活用の仕方について日々迷っているという。

「とても勉強熱心で、担当する仕事に必要な知識をしっかり身につけていて、関連する情報の収集にも余念がなく、商品知識も豊富だから、営業の最前線で活躍してもらうつもりでいたんですけど、訪問営業を積極的に進めてもらうと、どうもうまくいかないんです」

『というと、どのようにうまくいかないんですか？』

「なかなか成果につながらなくて、どうしてなんだろう、あんなに商品知識があるのにって不思議に思っていたんですけど、だんだんわかってきたのは、人とのコミュニケーションが苦手だということなんです」

『人とのコミュニケーションが苦手なんですか。それで訪問営業を進めるにもいろいろ困難が伴うというわけですね』

「そうなんですよ。頭の回転も速いし、商品知識も豊富で、関連する情報にも通じてるので、きっと先方の信頼を得られるはずだから、自信を持って進めるように言うんですけど、自分は人としゃべるのが苦手だし、場を和ませるようなトークもできないからといって尻込みするんです」

『営業先ではどんな感じなんでしょうね』

「本人によれば、商品やサービスの説明のための知識はちゃんと頭に入れてるから、資料を示しながらきちんと説明はできると言うんです。じゃ、何が問題なのかと尋ねると、先方に行って、担当者と会っていきなり説明に入るわけにもいかないし、説明が終わった後もいきなり帰るわけにもいかないじゃないですか、それがプレッシャーなんです、って言うんです」

『必要なことは言えるけど、その前後の雑談が苦手で、そのプレッシャーに押し潰されそうになるから、訪問営業は苦痛だということですか』

「そうなんです。気の利いた雑談ができないから、訪問営業はものすごいプレッシャーがかかるって言うんです」

『それは対人不安の一種ですね』

「対人不安？」

『対人不安については、後で説明しますけど、そういう人は日本人には結構多いんですよ。しゃべりが苦手な人の場合、会う前から「どんな話をすれば場が和むだろうか」「うまく話せるだろうか」「つまらないヤツって思われないだろうか」「退屈させてしまうのでは」などと考えるだけで気が重くなり、雑談していても「場違いなことを話してないかな」「こんな話、面白くないのでは」「早く切り上げたいと思ってるんじゃないか」などといった思いが込み上げてきて、ますます気が重くなる』

「彼もそんなことを言ってました。だから営業には向いてないって言うんです。でも、私は彼の勉強熱心さや頭の回転の速さはずば抜けてると思うし、信頼を置いてるんです。だから、じっくりつきあっていけば、営業先でもきっと信頼を得られるって思うんです。でも、本人はきついって言うし……困っちゃいます」

『日頃から身近に接しておられる方がそう思われるのですから、きっと営業先でも信頼を得られると思いますよ。一般に、しゃべりがうまい人が営業に向くって思われがちですけど、じつはそうでもないんですよ。しゃべりがうまいと、調子の良い人と思われ、かえって警戒されてしまうということがあります。このしゃべりのペースに乗せられて騙されるんじゃないかと』

「たしかにそういうこともありそうですね。実際、私自身、話し上手で調子のいい人物は警戒しますね」

『そういう視点からすれば、その方のようにしゃべりが得意でなく、気の利いた雑談はできないけど、商品・サービスの知識は豊富で関連する情報にも通じていれば、疑問に思うことを質問すれば適切に説明してくれるし、仕事相手から信頼を得られる可能性は高いと思います。なにも楽しい話ができる友だちをつくろうっていうのではなく、仕事上のやりとりなわけだから、ノリのよいしゃべりはできなくても、まったく問題ないでしょう。こうしたことをその方に話してあげたらどうでしょう』

「なるほど。それで気が楽になるでしょうし、自信になりますね、きっと」

そこで、対人不安の解説をするとともに、非認知能力としてのコミュニケーションについても意識しておくことの大切さを強調した。

対人不安とは、簡単に言えば、人と接する際に感じる不安のことである。

心理学者のシュレンカーとリアリィは、対人不安とは、現実の、あるいは想像上の対人的場面において、他者から評価されたり、評価されることを予想したりすることによって生じる不安のことである。

つまり、自分が他者の目にどのように映っているか、あるいは映ると予想されるかをめぐる葛藤により生じる不安が対人不安である、ということができる。したがって、対人不安の強い人は、他者の目に映る自分の姿が自分の望むようなものになっていない、あるいはならないのではないかといった不安の強い人だということになる。自己呈示に絡めると、対人不安の強い人とは、効果的に自己呈示をすることで他者の目に映る自分の姿を自分にとって望ましい方向にもっていけるという自信の乏しい人ということができる。

対人不安の話をすると、多くの人が自分も対人不安が強いといって相談に来る。学生に話しても、社会人に話しても、そのような反応が多い。そして、自分自身について、つぎのように語る。

「断られるのが怖くて、自分からは誘えない」

「グループができると、そのなかでしかつき合わない傾向があり、自分もそうだけど、みんな対人不安が強いように思う」

「相手からどう思われるかがとても気になり、自分をさらけ出すことができない」

「相手によく思われたい気持ちが強くて、無理して合わせたり、つまらないと思われないように必死になってしゃべったりしている」

「相手のノリが悪いと、やっぱり自分の話はつまらないんだと思って落ち込んでしまい、ますます気まずい感じになる」

ゆえに、対人不安気味の人に対しては、多くの人がそうなのだということを教えてあげることが大切である。

また、対人不安は、対人的場面に関連した不安だが、それには人に見られる自分の姿に対する自信ばかりでなく、自分に対する自信全般が関係している。その意味では、仕事内容に関係する知識・情報に通じていることには自信を持つように言い聞かせることも大切である。

仕事ができるようになるには、認知能力、いわゆる知的能力だけでなく、非認知能力も重要となることに最近目が向けられるようになってきた。非認知能力の中でも、まずは自分を動機づける力、つまりやる気を燃やす力が大切で、粘る力、我慢する力、感情をコントロールする力なども、勉強でもスポーツでも仕事でも、何かすべきことをやり抜くためには必要とみなされるようになっている。

しかし、コミュニケーション力も非認知能力の重要な要素なのだということはあまり意識されていない。だが、今回の事例でもわかるように、仕事相手との間に信頼関係を築くには、コミュニケーション力を磨く必要がある。その場合のコミュニケーション力というのは、笑いを取る能力のようなものではなく、相手の言うことに耳を傾けるとともに仕事内容に関係する知識・情報を適切に説明できる能力である。これは、対人不安の強い人間でも十分に対応可能なものである。

対人不安気味の人は、必要な説明はできるのだが、その前後の雑談が苦手なために、人に会うのが気が重いという。しかし、仕事の場では必要な説明こそが重要なのであって、雑談で盛り上がれなくても、必要な説明がきちんとできればそれで十分なのである。

人と接するのが苦手だという人の中には、コミュニケーション力を笑いを取る力や雑談で場を和ます力だと思い込んでいる人が多い。でも、仕事の場では、仕事にかかわる内容をきちんと説明できるという意味でのコミュニケーション力が強く求められるのである。

このようなことを教えてあげることで、気持ちが楽になり、仕事相手に会う際の対人不安も和らぐはずである。

第4章

能力改善の3つの柱

改善するにはどうするか?

どんな職場にも、もうちょっと何とかならないかなあ、向上心はあるのに今イチ伸び悩んでるんだよなあ、やる気はあるのだけど今イチ使えないんだよなあ、といった人物がいるものである。

これまでの3つの章では、そうなってしまう要因を認知能力、メタ認知能力、非認知能力の3つに分けて、それぞれに相当する事例を取り上げ、なぜ今イチになってしまうのか、そこにはどんな能力的要因が関係しているのか、改善するにはどうしたらよいかについて、具体的に解説してきた。

ここで改めて3つの能力要因について整理しておくことにしたい。

認知能力を鍛える

まずは認知能力だが、これは知的能力そのものを指す。仕事をする上では、認知能力の中でも読解力が重要となる。

読解力が鍛えられていないと、仕事の要領や注意事項が書いてある文書を渡され、読んでも、十分に消化できない。間違ったやり方をしている新人を見て、「注意事項を渡したのに、なんでそんなやり方をするんだ」と不思議に思うかもしれないが、読んでも意味がよくわかっていないということもある。

取引先から要望書がきていて、それを読んだはずなのに、まったくそれを踏まえずに提案をした場合、先方は「どうしてこっちの要望を無視するんだ。けしからん」と憤りを感じるかもしれないが、提案者には無視したつもりなど毛頭なく、要望の意味を理解できなかっただけだったりする。

読解力が鍛えられている人からすれば当然のように理解できる文書でも、読解力の乏しい人にとっては、まるで外国語で書かれた文章のように難解でよく意味がわからなかったりするのである。

読解力は、文章を読むときだけでなく、人の話を聞くときにも重要な意味を持つ。コミュニケーションのすれ違いも、認知能力の乏しさによって引き起こされることがある。

部下がこちらの指示とは違うことをやっているのを見て、「なぜ指示通りにしないんだ。人の話を適当に聞いてるのか」と不信感を抱くような場合でも、相手はちゃんと聞いていても理解できなかった可能性がある。認知能力が乏しいと、人の話をちゃんと聞いていても、どういう意味なのかわからなかったりするのだ。

読解力といえば、学校時代の国語の授業や試験問題、あるいは国語の参考書や問題集を思い出す人も多いのではないか。評論を読んで作者は何を言いたいのかを考えたり、小説を読んで登場人物の気持ちを想像したり、主人公がなぜそういう行動を取ったのかを推測したりする。

国語の勉強をしていた頃は、こんな勉強が将来何かの役に立つのだろうかと疑問に思った人もいるだろうが、そうした勉強で鍛えられたのが読解力である。文章を読んで、その意味を読解する力は、じつは仕事力の土台になっているのである。

第1章で紹介したようなコミュニケーションのすれ違いによるトラブルを見ても、仕事で期待に応えられないのも、大事な話が通じないのも、読解力の乏しさによるものと言える。

読解力を向上させるには読書が効果的なのは、多くの研究により実証されている。ところが、インターネットやSNS、あるいはゲームに時間を取られて、じっくり読書に浸って楽しむ時間を持たない人が増えている。そのため読解力が乏しい人が増えているのは、危機的状況とも言える。

実際、今の中学生の多くが教科書を読めていないという衝撃的な事実がある。そのことを明らかにしたのは人工知能の研究者新井紀子である。

教科書というのは平易な文章で構成されているものだが、その文章を読んでも理解できない生徒が半数もいるという。日本人なのだから日本語で書かれた文章は理解できているはずと思ったら大間違いで、じつは多くの中学生が、日本語で書かれた教科書も日本語でしゃべる先生の解説も理解できていないかもしれないのだ。これは衝撃的な発見と言わざるを得ない。

ここで新井たちが中高生に実施した「基礎的読解力」調査の問題の一部とその正答率を見てみたい（新井紀子『ＡＩ　VS.　教科書が読めない子どもたち』東洋経済新報社）。これをみれば、今の子どもたちの読解力がいかに危機的な状況にあるかがわかるだろう。

［問題］

「仏教は東南アジア、東アジアに、キリスト教はヨーロッパ、南北アメリカ、オセアニアに、イスラム教は北アフリカ、西アジア、中央アジア、東南アジアにおもに広がっている」

この文脈において、以下の文中の空欄にあてはまる最も適当なものを選択肢のうちから1つ選びなさい。

オセアニアに広がっているのは（　　　　　　）である。

①ヒンドゥー教　②キリスト教　③イスラム教　④仏教

問題文を読めば、正解は②のキリスト教だということは容易にわかるはずだが、正答率は中学生で62％、高校生で72％となっている。中学生の4割近く、高校生の3割近くが、この文の意味を読み取れなかったのだ。

［問題］

「Alex は男性にも女性にも使われる名前で、女性の名 Alexandra の愛称であるが、男性の名 Alexander の愛称でもある」

　この文脈において、以下の文中の空欄にあてはまる最も適当なものを選択肢のうちから1つ選びなさい。

　Alexandra の愛称は（　　　　　）である。

①Alex　②Alexander　③男性　④女性

　正解は①の Alex である。これも容易にわかりそうなものだが、正答率は中学生で38％、高校生で65％となっている。高校生でも3人に1人、中学生にいたっては6割以上が、この文の意味を読み取れなかったのである。

長い文章を読むわけではなく、わずか1文を読むだけである。しかも、そこに答えははっきり書いてある。それにもかかわらず、正答できない生徒がこれほどいるのだ。

このような読解力の人が社会に出て仕事をしているのである。職場の仲間や取引先の人たちとのやり取りで、「なぜ、ああなんだ?」と不思議に思ったり、呆れたり、憤りを感じたりすることがあるだろうが、そこにも読解力の乏しさが絡んでおり、本人には悪意もなく、無視したつもりもなく、仕事を適当にしているつもりもなかったりする。

ゆえに、話が通じないと思う部下や従業員がいる場合は、研修などで読書の大切さを知らせたり、読書会のようなものを催すのもよいだろう。自分自身が読解力不足だと感じる人は、これを機に読書を楽しむ時間を持つようにしたらどうだろうか。通勤電車の中で読書するだけでも、日々の積み重ねでかなり読解力が磨かれるはずである。

メタ認知能力を鍛える

メタ認知能力というのは、思い切って単純化して言えば、振り返る力のことである。これは、仕事でも、勉強でも、趣味やスポーツでも、何かで力をつけて成長していく際に必須の能力と言える。

いくらモチベーションが高くても、自分の仕事能力のどこに弱点があるかがわからなければ、一向に改善されないため、同じような失敗を繰り返したり、伸び悩んだりせざるを得ない。

一方、常に自分を振り返る習慣があり、自分の弱点に気づき、そこを補強していく人は、絶えず成長していくことができる。

その意味においても、メタ認知的モニタリングの習慣を身につけることは非常に重要である。仕事をしている自分の現状をモニターし、問題点があればそこを修正したり補強したりする。その修正したり補強したりする行動がメタ認知的コントロールである。メタ認知的コントロールをうまくやるためには、メタ認知的知識を豊富に持っている必要がある。

メタ認知について、少し専門的な観点から整理しておきたい。まずはメタ認知の構成要素についてだが、メタ認知的知識とメタ認知的活動に大別できる。

メタ認知的知識というのは、仕事に関していえば、どうすれば仕事ができるようになるか、どうすれば仕事で成果を出せるようになるか、というようなことに関する知識である。

メタ認知的活動というのは、同じく仕事に関していえば、仕事をしている自分の現状を振り返って、仕事のやり方がうまくいっているかどうかをチェックし、うまくいっていないときには問題点を明らかにし、仕事のやり方を修正していくことを指す。

メタ認知的活動は、仕事をしている自分の現状を振り返って評価し、うまくいっていない場合は問題点を明らかにするメタ認知的モニタリングと、それに基づいて仕事がうまくいくようにやり方を工夫したり修正したりしていくメタ認知的コントロールに分けることができる。

モチベーションが非常に高く、仕事に関連する本を読んだり、勉強会に出たりして、自己研鑽に熱心なのに、なかなか昇進試験に合格せず、伸び悩んでいる、というような場合は、こうしたメタ認知的モニタリングとメタ認知的コントロールがうまく機能していないと考えられる。

その場合は、メタ認知的知識が乏しいということもあり得る。学校時代に勉強がよくできていた人は、メタ認知的知識を自然に身につけていることが多いのに対して、勉強が苦手だった人は、いくら机に向かう時間が長くても、メタ認知的知識が乏しいために効果的な学習がなされていなかった可能性が高い。

そこで、仕事にも共通する勉強に関するメタ認知的知識について確認しておきたい。それが欠けていると致命的なことにもなりかねないことがわかるはずだし、日頃の仕事がうまくいかなかったりする理由もわかるはずだ。

①読み方に関するメタ認知的知識

勉強のために本や記事を読む際に、自分自身の理解度を確認しながら読むとよいということを知らないのか、理解度を確認することなく、ただ漫然と読んでいる人がいる。また、わかりにくい箇所、難しいところはしつこく繰り返して読むとよいということを知らないのか、「何だかよくわからないなあ」と思いながらサラッと通り過ぎていき、そこに戻って読み返すということもない人もいる。それでは効果的な勉強になっていかない。

②記憶の仕方に関するメタ認知的知識

意味を考えながら覚えようとすると記憶に残りやすいということや、具体的なイメージを膨らますと記憶に残りやすいということを知らないのか、何でもただ丸暗記しようとする人がいる。丸暗記では理解が深まらないため、長期にわたって記憶を維持するのは難しい。意味を考えたり、具体的なイメージを膨らませたりすることで、理解が深まるとともに記憶が定着していくのである。

③思考の整理の仕方に関するメタ認知的知識

頭の中に思い浮かぶ考えを図解するとわかりやすく整理できるということを知らないのか、図解せずに頭の中だけで考えをまとめようとする人がいる。それでは複雑な内容になると、なかなか頭の中の整理が追いつかない。ビジネス上のプレゼンテーションでは、パワーポイントで図解を示すことが多いが、それは図解すると思考の流れがよくわかるからである。個人的に思考を整理する際にも、図解を用いるのが効果的である。

④不注意なミスを防ぐためのメタ認知的知識

不注意なミスを防ぐためには、書き間違いや写し間違えなどがないか、うっかり見逃してしまったことはないか、勘違いしていることはないかなど、必ず点検することが必要である。こうしたメタ認知的知識が欠けていると、うっかりしたミスをしたり、似たようなミスを繰り返したりすることになりかねない。

⑤抽象的な概念の理解のコツに関するメタ認知的知識

抽象的な概念は日常生活に当てはめて具体例を考えると理解しやすいのだが、そのことを知らないのか、ただ説明を鵜呑みにして覚えようとするだけで、日常生活に当てはめて考えるということをしない人がいる。それではなかなか理解が進まず、難解だといって諦めてしまうことにもなりかねない。抽象的な理論も概念も、日常生活の具体例に当てはめて理解することで、心から納得でき、生きた知識になっていくのである。

⑥ながら学習に関するメタ認知的知識

ながら学習だと上の空になり、ほとんど頭に入らず、理解にも記憶にも支障が出るため、いくら勉強しても身にならないということを知らないのか、平気でながら学習をして、ちゃんと勉強したつもりになっている人がいる。何らかの作業に取り組んでいるとき、テレビの音声が聞こえてきて気が散り、能率が落ちて困るといった経験をしたことがあるのではないだろうか。それはテレビの音声に反応する部分が心の中にあり、認知能力の一部がそれに費やされ、作業に振り向けるべき認知能力が十分でなくなるからである。ながら学習でも、似たようなことが起こっていると考えられる。それを踏まえて、ながら学習をやめることで、効果的な学習ができるようになる。

このようなことを踏まえて、メタ認知を働かす心の習慣を身につけるように導くことが大切である。

非認知能力を鍛える

仕事能力を高めるというと、知的能力を向上させることばかりをイメージしがちだが、知的活動などの認知活動がうまくいくかどうかには、非認知能力が深く関係している。

最近では、子どもたちの学習活動にも、頭の良さなどの認知能力だけでなく、非認知能力が大きな影響を与えているといった認識が、教育界にも広く浸透しつつある。これは勉強だけでなく仕事にも当てはまることと言える。

非認知能力というのは、自分をやる気にさせる力、忍耐強く物事に取り組む力、集中力、我慢する力、人の気持ちを共感する力、自分の感情をコントロールする力など、学力のような知的能力に直接含まれない能力のことである。

それは、心理学者のサロヴェイとメイヤーが概念化し、ゴールマンにより一般に広められた情動知能に相当するものである。ゴールマンの『情動知能』という本は、日本では『EQ

こころの知能指数』として翻訳出版され、ＥＱという言葉が一気に広まり、企業などの採用試験でもＥＱが重視されるようになった。

では、情動知能あるいは非認知能力とはどのようなものなのか。つぎのようなゴールマンの説明を読むことで、より具体的につかめるのではないか。

「知能を狭義にとらえたのでは、『子供たちが人生をよりよく生きていくために大人は何をしてやれるか』、あるいは『ＩＱの高い人が必ずしも成功せず平均的なＩＱの人が大成功したりする背景にはどのような要因が働いているのだろうか』といった疑問はわいてこない。人間の能力の差は、自制、熱意、忍耐、意欲などを含めたこころの知能指数（ＥＱ）による、と私は考えている。ＥＱは、教育可能だ。ＥＱを高めることによって、子供たちは持って生まれたＩＱをより豊かに発揮することができる。

（中略）

こころの知能指数とは、自分自身を動機づけ、挫折してもしぶとくがんばれる能力のことだ。衝動をコントロールし、快楽をがまんできる能力のことだ。自分の気分をうまく整え、感情の乱れに思考力を阻害されない能力のことだ。他人に共感でき、希望を維持できる能力のことだ」（ゴールマン著　土屋京子（訳）『ＥＱ　こころの知能指数』講談社）

幼い頃に非認知能力が高かった人は、学校時代に成績が良いだけでなく、大人になってから仕事ができ、年収も高いといった傾向がみられることが、多くの研究によって示されている。

非認知能力の中核をなすのは自己コントロール力であるが、自己コントロール力についての研究の原点とみなすことができるのが、心理学者ミシェルたちの満足遅延課題を用いた実験である。

それは、マシュマロ・テストとも呼ばれ、子どもにマシュマロを見せて、今すぐ食べるなら１個しかあげられないが、研究者がいったん席を外して戻るまで待てたら２個あげると告げ、待つことができるか、それとも待てずに食べてしまうかを試すものである。

心理学者のミシェルたちは、保育園児５５０人以上にマシュマロ・テストを実施し、その子どもたちが青年期、成人初期、そして中年期になったときにも追跡調査を行っている。

その結果、幼児期により大きな満足のために欲求充足を延期することができた者は、10年後の青年期には、欲求不満に陥るような状況でも強い自制心を示し、誘惑に負けることが少なく、集中すべき場面では気が散らずに集中でき、ストレスにさらされても取り乱さずに建設的な行動を取りやすいことがわかった。

さらに、20代後半になったときも、長期的目標を達成するのが得意で、危険な薬物は使わず、高学歴を手に入れ、肥満指数が低く、対人関係もうまくやっていくことができるというように、自己コントロールがきちんとできていることが確認された。

その後の追跡調査をみると、40年後の中年期になっても、相変わらず高い自己コントロール力を維持していた。

心理学者モフィットたちも、1000人の子どもを対象に、生まれたときから32年間にわたって追跡調査を行うことで、子ども時代の自己コントロール力の高低によって、将来の健康状態や経済状態、犯罪を犯す確率などを予測できることを実証している。

つまり、我慢する力、衝動をコントロールする力、必要に応じて感情表現を抑制する力など、自己コントロール力が高いほど、大人になってから健康度が高く、収入が高く、犯罪を犯すことが少ないことがわかったのである。

それ以外にも、多くの研究によって、幼い頃に自己コントロール力が高かった者ほど、10年後に学業的にも社会的にも成功していることが示されたり、30年後に収入面でも健康面でも成功しており薬物依存や犯罪も少ないことが示されたりしている。

これは考えてみれば当然と言える。

仕事の締め切りが迫っているときに、友だちからの誘いなどの誘惑に負けずに仕事に集中できる人は、仕事で成果を出していける可能性が高いが、誘惑に負けてしまいがちな人は、なかなか成果が出せないだろう。

やらなければならない仕事があれば、どんなときも自分の心を奮い立たせて仕事に向かうことができるという人は、仕事で成果を出していけるだろうが、やる気がしないからと適当に流したりサボったりしてしまう人は、仕事で成果を出すのは難しいだろう。

取引先の人や職場の上司からきついことを言われたとき、「世の中にはいろんな人がいるからなあ」「何か嫌なことがあって苛立ってるのかなあ」などと軽く受け流すことができる人は、仕事上の人間関係をこじらせることはないだろうが、感情をコントロールできずに、「ムカつく」「許せない」といった感情に任せて暴言を吐いてしまうような人は、せっかく築いた信頼関係を一瞬で台無しにしてしまいかねない。

今さら幼児期に戻って自己コントロール力を鍛えるわけにもいかないし、今さら言われてもどうしようもないと思うかもしれない。しかし、幼児期に限らず、中学生を対象とした調査研究でも、自己コントロール力の得点の向上がその後の学業成績の向上につながっていくことが確認されている。大人を対象とした研究というのは実施が難しいため、あまり見かけないが、大人になってからでも非認知能力を鍛えることで仕事ができるようになっていくのは、このような観点からも明らかだ。

こうしてみると、仕事ができるようになるには、知的能力とは別の気持ちのコントロールをはじめとした非認知能力を鍛えておく必要があることがわかるだろう。

榎本博明 えのもと・ひろあき

心理学博士。1955年東京生まれ。東京大学教育心理学科卒。東芝市場調査課勤務の後、東京都立大学大学院心理学専攻博士課程中退。川村短期大学講師、カリフォルニア大学客員研究員、大阪大学大学院助教授等を経て、現在MP人間科学研究所代表。著書に『伸びる子どもは○○がすごい』『読書をする子は○○がすごい』『勉強できる子は○○がすごい』『「上から目線」の構造』など多数。

日経プレミアシリーズ | 511

「指《し》示《じ》通《どお》り」ができない人《ひと》たち

二〇二四年 三 月八日 一 刷
二〇二四年一一月六日 一二刷

著者 榎本博明
発行者 中川ヒロミ
発 行 株式会社日経BP
日本経済新聞出版
発 売 株式会社日経BPマーケティング
〒一〇五―八三〇八
東京都港区虎ノ門四―三―一二

装幀 ベターデイズ
組版 マーリンクレイン
印刷・製本 中央精版印刷株式会社

ISBN 978-4-296-11986-8 Printed in Japan

日経プレミアシリーズ 412

伸びる子どもは○○がすごい

榎本博明

我慢することができない、すぐ感情的になる、優先順位が決められない、主張だけは強い……。今の新人に抱く違和感。そのルーツは子ども時代の過ごし方にあった。いま注目される「非認知能力」を取り上げ、想像力の豊かな心の折れない子を育てるためのヒントを示す一冊。

日経プレミアシリーズ 462

読書をする子は○○がすごい

榎本博明

テストの問題文が理解できない子どもたち。意思疎通がうまくできずに、増える暴力事件。ディスカッション型の学習をしても、発言する内容はお寒いばかり……。読書の効用は語彙力や読解力にとどまらない。子どもが豊かな人生を送るために、いま親としてできることとは何かを説く。

日経プレミアシリーズ 479

勉強できる子は○○がすごい

榎本博明

勉強してもなかなか結果が出ない、すぐ感情的になる、相手が不快になる発言をついしてしまう……。そんな子どもは自分を「モニターする」力が弱いのかもしれない。好評「○○がすごい」シリーズの第3弾。将来の仕事の巧拙も左右する「メタ認知」について、トレーニング法も含めて解説する。

日経プレミアシリーズ139

「上から目線」の構造

榎本博明

目上の人を平気で「できていない」と批判する若手社員、駅や飲食店で威張り散らす中高年から、「自分はこんなものではない」と根拠のない自信を持つ若者まで――なぜ「上から」なのか。なぜ「上から」が気になるのか。心理学的な見地から、そのメカニズムを徹底的に解剖する。

日経プレミアシリーズ281

薄っぺらいのに自信満々な人

榎本博明

どんなときも前向き、「完璧です！」と言いきる、会社の同期や同級生といつも一緒、Ｆａｃｅｂｏｏｋで積極的に人脈形成……こんなポジティブ志向の人間ほど、実際は「力不足」と評価されやすい？　ＳＮＳの普及でますます肥大化する承認欲求と評価不安を軸に、現代人の心理構造をひもとく。

日経プレミアシリーズ373

かかわると面倒くさい人

榎本博明

シンプルな話を曲解してこじらせる、持ち上げないとすねる、みんなと反対の意見を展開せずにはいられない、どうでもいいことにこだわり話が進まない、「私なんか」と言いつつ内心フォローされたがっている……なぜあの人は他人を疲れさせるのか？　職場からご近所、親戚関係まで、社会に蔓延する「面倒くさい人」のメカニズムを心理学的見地から徹底的に解剖する。